Anónimo

La estrella de Sevilla

Barcelona **2024**
Linkgua-ediciones.com

Créditos

Título original: La estrella de Sevilla.

© 2024, Red ediciones S.L.

e-mail: info@linkgua.com

Diseño de cubierta: Michel Mallard.

ISBN tapa dura: 978-84-1126-241-5.
ISBN rústica: 978-84-9816-067-3.
ISBN ebook: 978-84-9897-539-0.

Sumario

Brevísima presentación

La estrella de Sevilla es una tragedia histórica anónima. En ella se relata una leyenda acontecida a finales del siglo XIII, el asesinato de Busto Tabera a manos de su futuro cuñado Sancho Ortiz.

El Alcázar árabe, sede de la monarquía del reino moro de Sevilla y convertido tras reconquista de la ciudad en 1248 en Palacio Real, alojaba a los reyes y Castilla León durante sus visitas a la ciudad. Sancho IV (1257-1295) residía en el Alcázar cuando el regidor Busto Tavera pensaba casar a su única hermana, Estrella Tavera, la mujer más bella de Sevilla, con Sancho Ortiz de las Roelas, un apuesto caballero.

Cuenta la leyenda que el rey Sancho pretendió, mediante artimañas, entró los aposentos de Estrella, enfrentándose con Busto. Sancho IV ofendido ante la resistencia de Busto a entregarle a su hermana, quiso recluirlo en una celda, pero sus consejeros le dijeron que era mejor ejecutarlo, ya que el buen hombre era muy apreciado en Sevilla. El rey ordenó el asesinato y encargó al propio Sancho Ortiz la ejecución.

Sancho Ortiz de las Roelas mató a Bustos y fue encarcelado por ello. El asesino, arrepentido, quiso confesarse pero no se negó a denunciar al rey, por lealtad. Al final de la historia Estrella renunció a casarse y se internó en un convento.

Personajes

Busto Tavera
Clarindo, gracioso
Don Arias
Don Gonzalo de Ulloa
Don Manuel
Don Pedro de Guzmán, Alcalde mayor
Don Sancho Ortiz
El rey don Sancho
Estrella, dama
Farfán de Ribera, Alcalde mayor
Fernán Pérez de Medina
Íñigo Osorio
Natilde
Pedro de Caus, Alcalde
Teodora

Jornada primera

Salen el Rey, Don Arias, Don Pedro de Guzmán, y Farfán de Ribera

Rey
                Muy agradecido estoy
al cuidado de Sevilla,
y conozco que en Castilla
soberano rey ya soy.
Desde hoy reino, pues desde hoy
Sevilla me honra y ampara;
que es cosa evidente y clara,
y es averiguada ley,
que en ella no fuera rey
si en Sevilla no reinara.
                Del gasto y recebimiento,
del aparato en mi entrada,
si no la dejo pagada,
no puedo quedar contento.
Mi Corte tendrá su asiento
en ella, y no es maravilla
que la Corte de Castilla
de asiento en Sevilla esté;
que en Castilla reinaré
mientras reinare en Sevilla.

Pedro
                Hoy sus Alcaldes Mayores
agradecidos pedimos
tus pies, porque recebimos
en su nombre tus favores.
jurados y regidores
ofrecen con voluntad,
su riqueza y su lealtad,
y el Cabildo lo desea,
con condición que no sea

en daño de tu ciudad.

Rey   Yo quedo muy satisfecho.

Pedro   Las manos nos da a besar.

Rey   Id, Sevilla, a descansar;
                       que con mi gozo habéis hecho
                       como quien sois, y sospecho
                       que vuestro amparo ha de hacerme
                       rey de Gibraltar, que duerme
                       descuidado en las colunas,
                       y con prósperas fortunas
                       haré que de mí se acuerde.

Farfán   Con su lealtad y su gente
                       Sevilla en tan alta empresa
                       le servirá a Vuestra Alteza,
                       ofreciendo juntamente
                       las vidas.

Arias   Así lo siente
                       su Majestad, de los dos;
                       y satisfecho de vos
                       queda, de vuestro deseo.

Rey   Todo, Sevilla, lo creo
                       y lo conozco. Id con Dios.

(Vanse [don Pedro y Farfán].)

Arias   ¿Qué te parece, señor,
                       de Sevilla?

Rey   Parecido
me ha tan bien, que hoy he sido
solo rey.

Arias   Mucho mejor,
mereciendo tu favor,
señor, te parecerá
cada día.

Rey   Claro está;
que ciudad tan rica y bella,
viviendo de espacio en ella,
más de espacio admirará.

Arias   El adorno y las grandezas
de las calles, no sé yo
si Augusto en Roma las vio,
ni tuvo tantas riquezas.

Rey   Y las divinas bellezas,
¿por qué en silencio las pasas?
¿Cómo limitas y tasas
sus celajes y arreboles?
Y di, ¿cómo en tantos soles,
como Faetón, no te abrasas?

Arias   Doña Leonor de Ribera
todo un cielo parecía;
que de su rostro nacía
el Sol de la primavera.

Rey   Sol es, si blanca no fuera;
y a un Sol con rayos de nieve
poca alabanza se debe,

          si, en vez de abrasar, enfría.
          Sol que abrasase querría,
          no Sol que helado se bebe.

Arias   Doña Elvira de Guzmán,
          que es la que a su lado estaba,
          ¿qué te pareció?

Rey   Que andaba
          muy prolijo el alemán;
          pues de en dos en dos están
          juntas las blancas ansí.

Arias   Un maravedí vi allí.

Rey   Aunque Amor anda tan franco,
          por maravedí tan blanco
          no diera un maravedí.

Arias   Doña Teodora de Castro
          es la que viste de verde.

Rey   Bien en su rostro se pierde
          el marfil, y el alabastro.

Arias   Sacárala Amor de rastro,
          si se la quisiera dar,
          porque en un buen verdemar
          engorda como en favor.

Rey   A veces es bestia Amor,
          y el verde suele tomar.

Arias   La que te arrojó las rosas,

doña Mencía, se llama,
Coronel.

Rey
        Hermosa dama,
mas otras vi más hermosas.

Arias
   Las dos morenas brïosas
que en la siguiente ventana
estaban, eran doña Ana
y doña Beatriz Mejía,
hermanas, con que aun el día
nuevos resplandores gana.

Rey
   Por Ana es común la una,
y por Beatriz la otra es
sola como el fénix, pues
jamás le igualó ninguna.

Arias
   ¿La buena o mala fortuna
también se atribuye al nombre?

Rey
   En amor, y no te asombre,
los nombres con estrañeza
dan calidad y nobleza
al apetito del hombre.

Arias
   La blanca y rubia...

Rey
           No digas
quién es ésa. La mujer
blanca y rubia vendrá a ser
mármol y azófar; y obligas,
como adelante prosigas,
a oír la que me da pena.

Una vi de gracias llena,
y en silencio la has dejado;
que en sola la blanca has dado,
y no has dado en la morena.
    ¿Quién es la que en un balcón
yo con atención miré,
y la gorra le quité
con alguna suspensión?
¿Quién es la que rayos son
sus dos ojos fulminantes,
en abrasar semejantes
a los de Júpiter fuerte,
que están dándome la muerte,
de su rigor ignorantes?
    Una que, de negro, hacía
fuerte competencia al Sol,
y al horizonte español
entre ébano amanecía
una noche, horror del día,
pues, de negro luz le daba;
y él, eclipsado, quedaba
un borrón de la luz pura
del Sol, pues con su hermosura
sus puras líneas borraba.

Arias   Ya caigo, señor, en ella.

Rey   En la mujer más hermosa
repara; que es justa cosa.

Arias   ésa la llaman la Estrella
de Sevilla.

Rey   Si es más bella

que el Sol, ¿cómo así la ofende?
Mas Sevilla no se entiende,
mereciendo su arrebol
llamarse Sol, pues es Sol
que vivifica y enciende.

Arias   Es doña Estrella Tavera
su nombre, y por maravilla
la llama Estrella Sevilla.

Rey   Y Sol llamarla pudiera.

Arias   Casarla su hermano espera
en Sevilla, como es justo.

Rey   ¿Llámase su hermano...?

Arias   Busto
Tavera, y es Regidor
de Sevilla, cuyo honor
a su calidad ajusto.

Rey   ¿Y es casado?

Arias   No es casado;
que en la esfera sevillana
es Sol, si Estrella es su hermana;
que Estrella y Sol se han juntado.

Rey   En buena Estrella he llegado
a Sevilla; tendré en ella
suerte y favor si es tan bella
como la deseo ya.
Todo me sucederá

muy bien con tan buena Estrella.
    Si tal Estrella me guía,
¿cómo me puedo perder?
Rey soy, y he venido a ver
estrellas a medio día.
Don Arias, verla quería;
que me ha parecido bien.

Arias
    Si es Estrella que a Belén
te guía, señor, ¿no es justo
que hagas a su hermano Busto
bestia del portal también?

Rey
    ¿Qué orden, don Arias, darás
para que la vea y hable?

Arias
    Esta Estrella favorable
a pesar del Sol verás;
a su hermano honrar podrás;
que los más fuertes honores
baten tiros de favores.
Favorécele; que el dar,
deshacer y conquistar
puede imposibles mayores.
    Si tú le das y él recibe,
se obliga; y si está obligado,
pagará lo que le has dado;
que al que dan, en bronce escribe.

Rey
    A llamarle te apercibe,
y dar orden juntamente
como la noche siguiente
vea yo a Estrella en su casa,
epiciclo que me abrasa

con fuego que el alma siente.
Parte, y llámame al hermano.

Arias   En el Alcázar le vi;
veré, señor, si está allí.

Rey   Si hoy este imposible allano,
mi reino pondré en su mano.

Arias   Yo esta Estrella te daré.

(Vase.)

Rey   Cielo estrellado seré
en noche apacible y bella;
y, solo con una Estrella,
más que el Sol alumbraré.

(Sale Don Gonzalo, con luto.)

Gonzalo   Déme los pies Vuestra Alteza.

Rey   Levantad, por vida mía;
día de tanta alegría
¿venís con tanta tristeza?

Gonzalo   Murió mi padre.

Rey   Perdí
un valiente capitán.

Gonzalo   Y las fronteras están
sin quien las defienda.

Rey   Sí.
                 Faltó una heroica persona,
                 y enternecido os escucho.

Gonzalo   Señor, ha perdido mucho la
                 frontera de Archidona;
                    y puesto, señor, que igual
                 no ha de haber a su valor,
                 y que he heredado el honor
                 de tan fuerte general,
                    Vuestra Alteza no permita
                 que no se me dé el oficio
                 que ha vacado.

Rey   Es claro indicio
                 que en vos siempre se acredita.
                    Pero la muerte llorad
                 de vuestro padre; y, en tanto
                 que estáis con luto y con llanto,
                 en mi Corte descansad.

Gonzalo   Con la misma pretensión
                 Fernán Pérez de Medina
                 viene, y llevar imagina
                 por servicios el bastón;
                    que, en fin, adalid ha sido
                 diez años, y con la espada
                 los nácares de Granada
                 de granates ha teñido;
                    y por eso adelantarme
                 quise.

Rey   Yo me veré en ello;
                 que, supuesto que he de hacello,

18

quiero en ello consultarme.

(Sale Fernán Pérez de Medina.)

Fernán   Pienso, gran señor, que llego
                tarde a vuestros altos pies;
                besarlos quiero, y después ...

Rey   Fernán Pérez, con sosiego
                los pies me podéis besar;
                que aun en mis manos está
                el oficio, y no se da
                tal plaza sin consultar
                primero vuestra persona,
                y otras del reino importantes,
                que, siendo en él los Atlantes,
                serán rayos de Archidona.
                Id, y descansad.

Gonzalo   Señor,
                este memorial os dejo.

Fernán   Y yo el mío, que es espejo
                del cristal de mi valor,
                donde se verá mi cara
                limpia, perfecta, y leal.

Gonzalo   También el mío es cristal,
                que hace mi justicia clara.

(Vanse y salen don Arias y Busto.)

Arias   Aquí, gran señor, está
                Busto Tavera.

Busto   A esos pies
turbado llego, porque es
natural efeto ya
    en la presencia del rey
turbarse el vasallo; y yo,
puesto que esto lo causó,
como es ordinaria ley,
    dos veces llego turbado,
porque el hacerme, señor,
este impensado favor,
turbación en mí ha causado.

Rey   Alzad.

Busto   Bien estoy ansí;
que, si el rey se ha de tratar
como a santo en el altar,
digno lugar escogí.

Rey   Vos sois un gran caballero.

Busto   De eso he dado a España indicio,
pero, conforme a mi oficio,
señor, los aumentos quiero.

Rey   Pues, ¿yo no os puedo aumentar?

Busto   Divinas y humanas leyes
dan potestad a los reyes,
pero no les dan lugar
    a los vasallos a ser
con sus reyes atrevidos,
porque con ellos medidos,

gran señor, deben tener
   sus deseos: y ansí, yo,
que exceder las leyes veo,
junto a la ley mi deseo.

Rey

¿Cuál hombre no deseó
ser más siempre?

Busto

Si a más fuera,
cubierto me hubiera hoy,
pero si Tavera soy,
no ha de cubrirse Tavera.

Rey

Notable filosofía
de honor.

Arias

Éstos son primero
los que caen.

Rey

Yo no quiero,
Tavera, por vida mía,
   que os cubráis hasta aumentar
vuestra persona en oficio
que os dé de este amor indicio.
Y ansí, os quiero consultar,
   sacándoos de ser Tavera,
por general de Archidona;
que vuestra heroica persona
será rayo en su frontera.

Busto

Pues yo, señor, ¿en qué guerra
os he servido?

Rey

En la paz

os hallo, Busto, capaz
para defender mi tierra;
    tanto, que ahora os prefiero
a éstos que servicios tales
muestran por sus memoriales,
que, aquí en mi presencia, quiero
    que leáis y despachéis.
Tres pretenden, que sois vos
y éstos dos. Mirad qué dos
competidores tenéis.

(Lee.)

Busto   «Muy poderoso Señor: Don Gonzalo
de Ulloa suplica a Vuestra Alteza le
haga merced de la plaza de Capitán
General de las fronteras de Archidona,
atento que mi padre, estándole sirviendo
más tiempo de catorce años, haciendo
notables servicios a Dios por vuestra
corona, murió en una escaramuza. Pido
justicia, etc.»
    Si de su padre el valor
ha heredado don Gonzalo,
el oficio le señalo.

Lee

«Muy poderoso Señor
    Fernán Pérez de Medina
veinte años soldado ha sido,
y a vuestro padre ha servido,
y serviros imagina
    con su brazo y con su espada

en propios reinos y estraños;
ha sido adalid diez años
de la Vega de Granada;
    ha estado cautivo en ella
tres años en ejercicios
viles, por cuyos oficios
y por su espada, que en ella
    toda su justicia abona,
pide en este memorial
el bastón de General
de los campos de Archidona.»

Rey   Decid los vuestros.

Busto   No sé
servicio aquí que decir
por donde pueda pedir,
ni por donde se me dé.
    Referir de mis pasados
los soberanos blasones,
tantos vencidos pendones
y castillos conquistados,
    pudiera; pero, señor,
ya por ellos merecieron
honor; y, si ellos sirvieron,
no merezco yo su honor.
    La justicia, para sello,
ha de ser bien ordenada
porque es caridad sagrada
que Dios cuelga de un cabello,
    para que, si a tanto exceso
de una cosa tan sutil,
para que, cayendo en fil,
no se quiebre, y dé buen peso.

Dar este oficio es justicia
a uno de los dos aquí;
que, si me le dais a mí,
hacéis, señor, injusticia.
	Y aquí en Sevilla, señor,
en cosa no os he obligado;
que en las guerras fuí soldado,
y en las paces regidor.
	Y si va a decir verdad,
Fernán Pérez de Medina
merece el cargo; que es digna
de la frontera su edad;
	y a don Gonzalo podéis,
que es mozo, y cordobés Cid,
hacer, señor, adalid.

Rey   Sea, pues vos lo queréis.

Busto   Solo quiero —la razón
y la justicia lo quieren—
darlos a los que sirvieron
debida satisfación.

Rey   Basta; que me avergonzáis
con vuestros buenos consejos.

Busto   Son mis verdades espejos,
y así en ellas os miráis.

Rey   Sois un grande caballero,
y en mi cámara y palacio
quiero que asistáis de espacio,
porque yo conmigo os quiero.
	¿Sois casado?

Busto

Gran señor,
soy de una hermana marido,
y casarme no he querido
hasta dársele.

Rey

Mejor
yo, Busto, se le daré.
¿Es su nombre...?

Busto

Doña Estrella.

Rey

A Estrella que será bella
no sé qué esposo le dé
si no es el Sol.

Busto

Solo un hombre,
señor, para Estrella anhelo;
que no es Estrella del cielo.

Rey

Yo la casaré en mi nombre
con hombre que la merezca.

Busto

Por ello los pies te pido.

Rey

Daréla, Busto, marido
que a su igual no desmerezca;
y decidle que he de ser
padrino y casamentero,
y que yo dotarla quiero.

Busto

Ahora quiero saber,
señor, para qué ocasión
Vuestra Alteza me ha llamado,

porque me ha puesto en cuidado.

Rey

Tenéis, Tavera, razón.
Yo os llamé para un negocio
de Sevilla, y quise hablaros
primero para informaros
dél; pero la paz y el ocio
nos convida; más de espacio
lo trataremos los dos;
desde hoy asistidme vos
en mi Cámara y palacio.
Id con Dios.

Busto

Los pies me dad.

Rey

Mis dos brazos, Regidor,
os daré.

Busto (Aparte)

(Tanto favor
no entiende mi actividad;
sospechoso voy: quererme
y, sin conocerme, honrarme
más parece sobornarme,
honor, que favorecerme.)

(Vase.)

Rey

El hombre es bien entendido,
y tan cuerdo como honrado.

Arias

De estos honrados me enfado.
¡Cuántos, gran señor, lo han sido
hasta dar con la Ocasión!
Sí, en ella son de estos modos

todos cuerdos; pero todos
con ella bailan a un son.
    Aquél murmura hoy de aquél
que el otro ayer murmuró;
que la ley que ejecutó
ejecuta el tiempo en él.
    Su honra en una balanza
pone; en otra poner puedes
tus favores y mercedes,
tu lisonja y tu privanza,
    y verás, gran señor, como
la que agora está tan baja
viene a pesar una paja;
y ella, mil marcos de plomo.

Rey   Encubierto pienso ver
esta mujer en su casa;
que es Sol, pues tanto me abrasa,
aunque Estrella al parecer.

Arias   Mira que podrán decir.

Rey   Los que reparando están,
amigo, en lo que dirán
se quieren dejar morir.
    Viva yo, y diga Castilla
lo que quisiere entender;
que Rey Mago quiero ser
de la Estrella de Sevilla.

(Vanse. Salen Don Sancho, Doña Estrella, Natilde, y Clarindo.)

Sancho   Divino ángel mío,
¿cuándo seré tu dueño,

sacando de este empeño
las ansias que te envío?
¿Cuándo el blanco rocío
que vierten mis dos ojos,
Sol que alumbrando sales
en conchas de corales,
de que ha formado Amor los labios rojos,
con apacibles calmas
perlas harán que engasten nuestras almas?
    ¿Cuándo, dichosa Estrella
—que como el Sol adoro,
a tu epiciclo de oro
resplandeciente y bella,
la luz que baña y sella
tu cerbelo divino—
con rayos de alegría
adornarás el día,
juntándonos amor en solo un sino,
para que emule el cielo
otro Cástor y Pólux en el suelo?
    ¿Cuándo en lazos iguales
nos llamará Castilla
Géminis de Sevilla
con gustos inmortales?
¿Cuándo tendrán mis males
esperanzas de bienes?
¿Cuándo, alegre y dichoso,
me llamaré tu esposo
a pesar de los tiempos que detienes,
que en perezoso turno
caminan con las plantas de Saturno?

Estrella   Si como mis deseos
los tiempos caminaran,

al Sol aventajaran
los pasos giganteos;
y mis dulces empleos
celebrara Sevilla,
sin envidiar celosa,
amante y venturosa,
la regalada y tierna tortolilla,
que con arrullos roncos
tálamos hace en mil lacivos troncos.
   En círculos amantes
ayer se enamoraban
do sabes, y formaban
requiebros ignorantes;
sus picos de diamantes
sus penachos de nieve
dulcemente ofendían,
mas luego los hacían
vaso en que amor sus esperanzas bebe,
pues, los picos unidos,
se brindaban las almas y sentidos.

Sancho   ¡Ay, cómo te agradezco,
mi vida, esos deseos!
Los eternos trofeos
de la fama apetezco;
solo el alma te ofrezco.

Estrella   Yo con ella la vida,
para que viva en ella.

Sancho   ¡Ay, amorosa Estrella,
de fuego y luz vestida!

Estrella   ¡Ay, piadoso homicida!

Sancho	¡Ay, sagrados despojos, norte en el mar de mis confusos ojos!
Clarindo	¿Cómo los dos no damos de holandas y cambrayes algunos blandos ayes, siguiendo a nuestros amos?
Sancho	¿No callas?
Clarindo	Ya callamos. ¡Ay, hermosa muleta de mi amante desmayo!
Natilde	¡Ay, hermano lacayo, que al son de la almohaza eres poeta!
Clarindo	¡Ay, mi dicha!
Natilde	¡Ay, dichoso!
Clarindo	No tiene tantos ayes un leproso.
Sancho	¿Qué dice al fin tu hermano?
Estrella	Que, hechas las escrituras tan firmes y seguras, el casamiento es llano, y que el darte la mano unos días dilate hasta que él se prevenga.
Sancho	Mi amor quiere que tenga

mísero fin; el tiempo le combate.
Hoy casarme querría;
que da el tiempo mil vueltas cada día.
    La mar, tranquila y cana,
amanece ya en leche,
y, antes que montes eche
al Sol por la mañana,
en círculos de grana
madruga el alba hermosa,
y luego negra nube
en sus hombros se sube
vistiéndola con sombra tenebrosa,
y los que fueron riscos
son de nieve gigantes basiliscos.
    Penachos de colores
toma un almendro verde,
y en un instante pierde
sus matizadas flores;
cruzan murmuradores
los arroyuelos puros,
y en su argentado suelo
grillos les pone el hielo;
pues si éstos dél jamás están seguros,
¿cómo en tanta mudanza
podré tener del tiempo confianza?

Estrella   Si el tiempo se detiene,
habla a mi hermano.

Sancho   Quiero
hablarle, porque muero
lo que Amor le entretiene.

Clarindo   Busto Tavera viene.

(Sale Busto.)

Busto
    ¡Sancho amigo!

Estrella
    ¡Ay! ¿Qué es esto?

Sancho
    ¿Vos con melancolía?

Busto
    Tristeza y alegría
en cuidado me ha puesto.
Éntrate dentro, Estrella.

Estrella
    ¡Válgame Dios, si el tiempo me atropella!

(Vanse [Estrella, y Natilde].)

Busto
    Sancho Ortiz de las Roelas...

Sancho
    ¿Ya no me llamáis cuñado?

Busto
    Un caballo desbocado
me hace correr sin espuelas.
    Sabed que el rey me llamó,
no sé, por Dios, para qué;
que, aunque se lo pregunté,
jamás me lo declaró.
    Hacíame general
de Archidona, sin pedillo,
y, a fuerza de resistillo,
no me dio el bastón real.
    Hízome al fin...

Sancho
    Proseguid;

que todo eso es alegría.
Decid la melancolía,
y la tristeza decid.

Busto   De su cámara me ha hecho.

Sancho   También es gusto.

Busto   Al pesar
vamos.

Sancho   Que me ha de costar
algún cuidado sospecho.

Busto   Díjome que no casara
a Estrella, porque él quería
casalla, y se prefería,
cuando yo no la dotara,
   a hacerlo, y darla marido
a su gusto.

Sancho   Tú dijiste
que estabas alegre y triste;
mas yo solo el triste he sido,
   pues tú alcanzas las mercedes,
y yo los pesares cojo.
Déjame a mí con tu enojo,
y tú el gusto tener puedes;
   que en la cámara del rey,
y bien casada tu hermana,
el tenerle es cosa llana;
mas no cumples con la ley
   de amistad, porque debías
decirle al rey que ya estaba

casada tu hermana.

Busto   Andaba
entre tantas demasías
     turbado mi entendimiento,
que lugar no me dio allí
a decirlo.

Sancho   Siendo ansí,
¿no se hará mi casamiento?

Busto   ¿Volviendo a informar al rey
que están hechos los conciertos
y escrituras, serán ciertos
los contratos; que su ley
     no ha de atropellar lo justo?

Sancho   Si el rey la quiere torcer,
¿quién fuerza le podrá hacer,
habiendo interés o gusto?

Busto   Yo le hablaré, y vos también,
pues yo entonces, de turbado,
no le dije lo tratado.

Sancho   ¡Muerte pesares me den!
     Bien decía que en el tiempo
no hay instante de firmeza,
y que el llanto y la tristeza
son sombra del pasatiempo.
     Y cuando el rey con violencia
quisiere torcer la ley...

Busto   Sancho Ortiz, el rey es rey;

callar y tener paciencia.

(Vase.)

Sancho
    En ocasión tan triste,
¿quién paciencia tendrá, quién sufrimiento?
Tirano, que veniste
a perturbar mi dulce casamiento
con aplauso a Sevilla,
ino goces los imperios de Castilla!
    Bien de don Sancho el Bravo
mereces el renomabre que en las obras
de conocerte acabo;
y, pues por tu crueldad tal nombre cobras
y Dios siempre la humilla,
ino goces los imperios de Castilla!
    iConjúrese tu gente,
y pongan a los hijos de tu hermano
la corona en la frente
con bulas del pontífice romano!
Y dándoles tu silla,
ino goces los imperios de Castilla!
    De Sevilla salgamos;
vamos a Gibraltar, donde las vidas
en su riesgo perdamos.

Clarindo
    Sin ir allá las damos por perdidas.

Sancho
    Con Estrella tan bella
¿cómo vengo a tener tan mala estrella?
    Mas iay! que es rigurosa,
y en mí son sus efecto desdichados.

Clarindo
    Por esta Estrella hermosa

morimos como huevos estrellados;
mejor fuera en tortilla.

Sancho   ¡No goces los imperios de Castilla!

(Vanse. Salen el Rey, don Arias, y acompañamiento.)

Rey   Decid como estoy aquí.

Arias   Ua lo saben, y a la puerta
                          a recibirte, señor,
                          sale don Busto Tavera.

Busto   ¿Tal merced, tanto favor?
                          ¿En mi casa Vuestra Alteza?

Rey   Por Sevilla así embozado
                          salí, con gusto de verla;
                          y me dijeron, pasando,
                          que eran vuestras casas éstas,
                          y quise verlas; que dicen
                          que son en extremo buenas.

Busto   Son casas de un escudero.

Rey   Entremos.

Busto   Señor, son hechas
                          para mi humildad, y vos
                          no podéis caber en ellas;
                          que, para tan gran señor,
                          se cortaron muy estrechas,
                          y no os vendrán bien sus salas;
                          que son, gran señor, pequeñas,

porque su mucha humildad
no aspira a tanta soberbia;
fuera, señor, de que en casa
tengo una hermosa doncella
solamente, que la caso
ya con escrituras hechas,
y no sonará muy bien
en Sevilla, cuando sepan
que a visitarla venís.

Rey   No vengo, Busto, por ella;
por vos vengo.

Busto   Gran señor,
notable merced es ésta;
y, si aquí por mí venís,
no es justo que os obedezca;
que será descortesía
que a visitar su rey venga
al vasallo, y que el vasallo
lo permita y lo consienta.
Crïado y vasallo soy,
y es más razón que yo os vea,
ya que me queréis honrar,
en el Alcázar; que afrentan
muchas veces las mercedes,
cuando vienen con sospecha.

Rey   ¿Sospecha? ¿De qué?

Busto   Dirán,
puesto que al contrario sea,
que venistes a mi casa
por ver a mi hermana; y puesta

en opiniones su fama,
está a pique de perderla;
que el honor es cristal puro,
que con un soplo se quiebra.

Rey Ya que estoy aquí, un negocio
comunicaros quisiera.
Entremos.

Busto Por el camino
será, si me dais licencia;
que no tengo apercebida
la casa.

(Aparte con don Arias.)

Rey Gran resistencia
nos hace.

Arias Llevarle importa;
que yo quedaré con ella,
y en tu nombre la hablaré.

Rey Habla paso, no te entienda;
que tiene todo su honor
este necio en las orejas.

Arias Arracadas muy pesadas
de las orejas se cuelgan
el peso las romperá.

Rey Basta, no quiero por fuerza
ver vuestra casa.

Busto   Señor,
en casando a doña Estrella,
con el adorno que es justo
la verá.

Arias   Esos coches llega.

Rey   Ocupad, Busto, un estribo.

Busto   A pie, si me dais licencia,
señor, yo iré.

Rey   El coche es mío,
y mando yo en él.

Arias   Ya esperan
los coches.

Rey   Guíen al Alcázar.

Busto (Aparte.)   (Muchas mercedes son éstas,
y gran favor me hace el rey.
¡Plegue a Dios que por bien sea!)

(Vanse, y queda don Arias. Salen Estrella, y Natilde.)

Estrella   ¿Qué es lo que dices, Natilde?

Natilde   Que era el rey, señora.

Arias   Él era;
y no es mucho que los reyes
siguiendo una Estrella vengan.
A vuestra casa venía

buscando tanta belleza;
que, si el rey lo es de Castilla,
vos de la beldad sois reina.
El rey don Sancho, a quien llaman,
por su invicta fortaleza,
el Bravo, el vulgo, y los moros,
porque de su nombre tiemblan,
el Fuerte, y sus altas obras,
el Sacro y Augusto César
—que los laureles romanos,
con sus hazañas, afrenta,—
esa divina hermosura
vio en un balcón, competencia
de los palacios del alba,
cuando, en rosas y azucenas
medio dormidas, las aves
la madrugan y recuerdan,
y, del desvelo llorosa,
vierte racimos de perlas.
Mandóme que de Castilla
las riquezas te ofreciera
—aunque son para tus gracias
limitadas sus riquezas,—
que su voluntad admitas;
que, si la admites y premias,
serás de Sevilla el Sol,
si hasta aquí has sido la Estrella.
Daráte villas, ciudades,
de quien serás ricahembra,
y a un ricohombre te dará
por esposo, con quien seas
corona de tus pasados
y aumento de tus Taveras.
¿Qué respondes?

Estrella   ¿Qué respondo?
                   Lo que ves.

Vuelve la espalda

Arias   Aguarda, espera.

Estrella   A tan livianos recados
                   da mi espalda la respuesta.

(Vase.)

Arias (Aparte)   (¡Notable valor de hermanos!
                   Los dos suspenso me dejan.
                   La gentilidad romana
                   Sevilla en los dos celebra.
                   Parece cosa imposible
                   que el rey los contraste y venza;
                   pero porfía y poder
                   talan montes, rompen peñas.
                   Hablar quiero a esta crïada;
                   que las dádivas son puertas
                   para conseguir favores
                   de las Porcias y Lucrecias.)

(A Natilde.)

                   ¿Eres crïada de casa?

Natilde   Crïada soy, mas por fuerza.

Arias   ¿Cómo por fuerza?

Natilde   Que soy
esclava.

Arias   ¿Esclava?

Natilde   Y sujeta,
sin la santa libertad,
a muerte y prisión perpetua.

Arias   Pues yo haré que el rey te libre,
y mil ducados de renta
con la libertad te dé,
si en su servicio te empleas.

Natilde   Por la libertad y el oro
no habrá maldad que no emprenda;
mira lo que puedo hacer;
que lo haré, como yo pueda.

Arias   Tú has de dar al rey entrada
en casa esta noche.

Natilde   Abiertas
todas las puertas tendrá,
como cumplas la promesa.

Arias   Una cédula del rey,
con su firma y de su letra,
antes que entre, te daré.

Natilde   Pues yo le pondré en la mesma
cama de Estrella esta noche.

Arias   ¿A qué hora Busto se acuesta?

Natilde   Al alba viene a acostarse;
               todas las noches requiebra;
               que este descuido en los hombres
               infinitas honras cuesta.

Arias   ¿Y a qué hora te parece
               que venga el rey?

Natilde   Señor, venga
               a las once; que ya entonces
               estará acostada.

Arias   Lleva
               esta esmeralda en memoria
               de las mercedes que esperas
               del rey.

Natilde   Que no hay para qué.

Arias   No quiero que te parezcas
               a los médicos.

Natilde   Por oro,
               ¿qué monte tendrá firmeza?
               El oro ha sido en el mundo
               el que los males engendra,
               porque si él faltara, es claro,
               no hubiera infamias, ni afrentas.

(Vanse, y Salen Íñigo Osorio, Busto Tavera, y don Manuel, con llaves doradas.)

Manuel   Goce Vuestra Señoría
               la llave y cámara, y vea

el aumento que desea.

Busto   Saber pagalle querría
a Su Alteza la merced
que me hace sin merecella.

Íñigo   Mucho merecéis, y en ella
que no se engaña, creed,
 el rey.

Busto   Su llave me ha dado
pero me hace de su cielo,
aunque me amenaza el suelo,
viéndome tan levantado;
 que, como impensadamente
tantas mercedes me ha hecho,
que se ha de mudar, sospecho,
el que honra tan de repente.
 Mas, conservando mi honor,
si a lo que he sido me humilla,
vendré a quedarme en Sevilla
Veinticuatro, y Regidor.

Íñigo   ¿Quién es de guarda?

Manuel   Ninguno
de los tres.

Íñigo   Pues yo quisiera
holgarme.

Manuel   Busto Tavera,
si tenéis requiebro alguno,
 esta noche nos llevad,

y la espalda os guardaremos.

Busto   Si queréis que visitemos
            lo común de la ciudad,
              yo os llevaré donde halléis
            conceptos, y vocería,
            y dulce filosofía
            de Amor.

Manuel   Merced nos haréis.

(Sale don Arias.)

Arias   A recoger, caballeros;
            que quiere el rey escribir.

Manuel   Vamos, pues, a divertir
            la noche.

(Vanse, y [queda don Arias]. Sale el Rey.)

Rey   ¿Que sus luceros
            esta noche he de gozar,
            don Arias?

Arias   El esclavilla
            es estremada.

Rey   Castilla
            estatuas la ha de labrar.

Arias   Una cédula has de hacella.

Rey   Ven, don Arias, a ordenarla;

que no dudaré en firmarla,
como mi amor lo atropella.

Arias   ¡Buena queda la esclavilla,
a fe de noble!

Rey   Recelo
que me vende el Sol del cielo
en la Estrella de Sevilla.

Fin de la primera jornada

Jornada segunda

(Salen el Rey, don Arias, y Natilde.)

Natilde   Solo será más seguro;
                 que todos reposan ya.

Rey   ¿Y Estrella?

Natilde   Durmiendo está;
                 y el cuarto en que duerme, oscuro.

Rey   Aunque decillo bastaba,
                 éste es, mujer, el papel
                 con la libertad en él;
                 que yo le daré otra esclava
                   a Busto.

Arias   El dinero y todo
                 va en él.

Natilde   Dadme vuestros pies.

(Aparte con el Rey.)

Arias   Todos con el interés
                 son, señor, de un mismo modo.

Rey   Divina cosa es reinar.

Arias   ¿Quién lo puede resistir?

Rey   Solo, al fin, he de subir,
                 para más disimular.

Arias   ¿Solo te aventuras?

Rey   Pues,
        ¿por qué espumosos remolcos
        por manzanas paso a Colcos?
        Busto mi vasallo es.
         ¿No es su casa ésta en que estoy?
        Pues dime, ¿a qué me aventuro?
        Y cuando no esté seguro,
        ¿conmigo mismo no voy?
         Véte.

Arias   ¿Dónde aguardaré?

Rey   Desvïado de la calle,
        en parte donde te halle.

Arias   En San Marcos entraré.

(Vase.)

Rey   ¿A qué hora Busto vendrá?

Natilde   Viene siempre cuando al alba
        hacen pajarillas salva;
        y abierta la puerta está
         hasta que él viene.

Rey   El Amor
        me allane tan alta empresa.

Natilde   Busque tras mí Vuestra Alteza
        lo oscuro del corredor;

que así llegará a sus bellas
luces.

Rey   Mira mis locuras,
pues los dos, ciegos y a escuras,
vamos a caza de Estrellas.

Natilde   ¿Qué Estrella al Sol no se humilla?

Rey   Aunque soy don Sancho el Bravo,
venero en el cielo octavo
esta Estrella de Sevilla.

(Vanse. Salen Busto, don Manuel, y don Íñigo.)

Busto   Ésta es mi posada.

Íñigo   Adiós.

Busto   Es temprano para mí.

Manuel   No habéis de pasar de aquí.

Busto   Basta.

Íñigo   Tenemos los dos
cierta visita que hacer.

Busto   ¿Qué os pareció Feliciana?

Manuel   En el Alcázar mañana,
amigo, en esa mujer
hablaremos; que es figura
muy digna de celebrar.

(Vanse [don Manuel y don Íñigo.)

Busto   Temprano me entro a acostar;
                         toda la casa está oscura.
                             ¿No hay un paje? ¡Hola, Luján!
                         ¡Osorio! ¡Juanico! ¡Andrés!
                         ¿Todos duermen? ¡Justa! ¡Inés!
                         ¿También ellas dormirán?
                             ¡Natilde! ¿También la esclava
                         se ha dormido? Es dios el sueño,
                         y de los sentidos dueño.

(Salen Natilde, y el Rey.)

Natilde   Pienso que es el que llamaba
                         mi señor. Perdida soy.

Rey   ¿No dijiste que venía
                         al alba?

Natilde   ¡Desdicha es mía!

Busto   ¡Natilde!

Natilde   ¡Ay Dios! Yo me voy.

Rey   No tengas pena.

Busto   ¿Quién es?

Rey   Un hombre.

Busto   ¿A estas horas? ¡Hombre, y en mi casa! Diga el nombre.

Rey

Aparta.

Busto

No sois cortés;
y si pasa, ha de pasar
por la punta de esta espada;
que, aunque esta casa es sagrada,
la tengo de profanar.

Rey

Ten la espada.

Busto

¿Qué es tener,
cuando el cuarto de mi hermana
de esta suerte se profana?
Quién sois tengo de saber,
o aquí os tengo de matar.

Rey

Hombre de importancia soy.
Déjame.

Busto

En mi casa estoy,
y en ella yo he de mandar.

Rey

Déjame pasar; advierte
que soy hombre bien nacido;
y, aunque a tu casa he venido,
no es mi intención ofenderte,
sino aumentar más tu honor.

Busto

¿El honor así se aumenta?

Rey

Corra tu honor por mi cuenta.

Busto   Por esta espada es mejor.
                            Y, si mi honor procuráis,
                         ¿cómo embozado venís?
                         Honrándome, ¿os encubrís?
                         Dándome honor, ¿os tapáis?
                            Vuestro temor os convenza,
                         como averiguado está,
                         que ninguno que honra da
                         tiene de daRla vergüenza.
                            Meted mano, o, ¡vive Dios,
                         que os mate!

Rey   ¡Necio apurar!

Busto   Aquí os tengo de matar,
                         o me habéis de matar vos.

Rey (Aparte)   (Diréle quién soy.)
                                           Deténte;
                         que soy el rey.

Busto   ¡Es engaño!
(Aparte.)   (¿El rey procura mi daño,
                         solo, embozado, y sin gente?)
                            No puede ser; y a Su Alteza
                         aquí, villano, ofendéis,
                         pues defecto en él ponéis,
                         que es una estraña bajeza.
                            ¿El rey había de estar
                         sus vasallos ofendiendo?
                         De esto de nuevo me ofendo;
                         por esto os he de matar,
                            aunque más me porfiéis;
                         y, ya que a mí me ofendáis,

(Mete mano.)

no en su grandeza pongáis
tal defeto, pues sabéis
   que sacras y humanas leyes
condenan a culpa estrecha
al que imagina o sospecha
cosa indigna de los reyes.

Rey (Aparte.)   (¡Qué notable apurar de hombre!)
Hombre, digo que el rey soy.

Busto   Menos crédito te doy,
porque aquí no viene el nombre
   de rey con las obras, pues
es el rey el que da honor;
tú buscas mi deshonor.

Rey (Aparte.)   (Éste es necio y descortés.
¿Qué he de hacer?)

Busto (Aparte.)   (El embozado
es el rey, no hay que dudar;
quiérole dejar pasar,
y saber si me ha afrentado
   luego; que el alma me incita
la cólera y el furor;
que es como censo el honor,
que aun el que le da le quita.)
   Pasa, cualquiera que seas,
y otra vez al rey no infames,
ni el rey, villano, te llames
cuando haces hazañas feas.

Mira que el rey mi señor,
del África horror y espanto,
es cristianísimo y santo,
y ofendes tanto valor.
    La llave me ha confiado
de su casa, y no podía
venir sin llave a la mía
cuando la suya me ha dado.
    Y no atropelléis la ley;
mirad que es hombre en efeto;
esto os digo, y os respeto
porque os fingistes el rey.
    Y de verme no os asombre,
cuerdo, aunque quedo afrentado;
que un vasallo está obligado
a tener respeto al nombre.
    Esto, don Busto Tavera
aquí os lo dice, y, por Dios,
que como lo dice a vos,
a él mismo se lo dijera.
    Y, sin más atropellarlos
contra Dios y contra ley,
así aprenderá a ser rey
del honor de sus vasallos.

Rey   Ya no lo puedo sufrir;
que estoy confuso y corrido.
Necio, porque me he fingido
el rey ¿me dejas salir?
    Pues advierte que yo quiero,
porque dije que lo era,
salir de aquesta manera;

(Mete mano.)

que, si libertad adquiero
    porque aquí rey me llamé
y en mí respetas el nombre,
porque te admire y asombre,
en las obras lo seré.
    Muere, villano; que aquí
aliento el nombre me da
de rey, y él te matará.

Busto   Solo mi honor reina en mí.

(Salen Criados con luces.)

Criados   ¿Qué es esto?

(Riñen.)

Rey (Aparte.)   (Escaparme quiero,
antes de ser conocido.
De este villano ofendido
voy, pero vengarme espero.)

(Vase.)

Criados   Huyó quien tu ofensa trata.

Busto   Seguilde, dadle el castigo...
Dejadle; que al enemigo
se ha de hacer puente de plata.
    Si huye, la gloria es notoria;
que se alcanza sin seguir;
que el vencido con hüir
da al vencedor la vitoria.

Cuanto más que éste que huyó,
más por no ser conocido
huye, que por ser vencido,
porque nadie le venció.
    Dadle una luz a Natilde,
y entraos vosotros allá.

(Dánsela, y vanse.)

Busto (Aparte.)   (Ésta me vende; que está
avergonzada y humilde.
    La verdad he de sacar
con una mentira cierta.)
Cierra de golpe esa puerta.
Aquí os tengo de matar.
    Todo el caso me ha contado
el rey.

Natilde   Si el rey no guardó
el secreto, ¿cómo yo,
con tan infelice estado,
    lo puedo guardar? Señor,
todo lo que el rey te dijo
es verdad.

Busto (Aparte.)   (Ya aquí colijo
los defetos de mi honor.)
    ¿Que tú al fin al rey le diste
entrada?

Natilde   Me prometió
la libertad; y ansí yo,
por ella, como tú viste,
    hasta este mismo lugar

le metí.

Busto   Y di, ¿sabe Estrella
algo de esto?

Natilde   Pienso que ella
en sus rayos a abrasar
    me viniera, si entendiera
mi concierto.

Busto   Es cosa clara,
porque, si acaso enturbiara
la luz, Estrella no fuera.

Natilde   No permite su arrebol
eclipse, ni sombra oscura;
que es su luz, brillante y pura,
participado del Sol.
    A su cámara llegó.
En dándome este papel
entró el rey, y tú tras él.

Busto   ¿Cómo? ¿Este papel te dio?

Natilde   Con mil ducados de renta,
y la libertad.

Busto   ¡Favor
grande a costa de mi honor!
¡Bien me engrandece y aumenta!
    Ven conmigo.

Natilde   ¿Dónde voy?

Busto   Vas a que te vea el rey;
                    que así cumplo con la ley
                    y obligación de quien soy.

Natilde   ¡Ay, desdichada esclavilla!

Busto   Si el rey la quiso eclipsar,
                    fama a España ha de quedar
                    de la Estrella de Sevilla.

(Vanse. Salen el Rey, y don Arias.)

Rey   Esto, al fin, me ha sucedido.

Arias   ¿Quisiste entrar solo?

Rey   Ha andado
                    tan necio y tan atrevido,
                    que vengo, amigo, afrentado;
                    que sé que me ha conocido.
                       Metió mano para mí
                    con equívocas razones;
                    y, aunque más me resistí,
                    las naturales acciones,
                    con que como hombre nací,
                       del decoro me sacaron
                    que pide mi majestad.
                    Doy sobre él, pero llegaron
                    con luces, que la verdad
                    dijeran que imaginaron,
                       si la espalda no volviera,
                    temiendo el ser conocido
                    y vengo de esta manera.
                    Lo que ves me ha sucedido,

Arias, con Busto Tavera.

Arias   Pague con muerte el disgusto;
           degüéllale, vea el Sol
           naciendo el castigo justo,
           pues en el orbe español
           no hay más leyes que tu gusto.

Rey   Matarle públicamente,
           Arias, es yerro mayor.

Arias   Causa tendrás suficiente;
           que en Sevilla es Regidor,
           y el más sabio y más prudente
           no deja, señor, de hacer
           algún delito, llevado
           de la ambición del poder.

Rey   Es tan cuerdo y tan mirado,
           que culpa no ha de tener.

Arias   Pues hazle, señor, matar
           en secreto.

Rey   Eso sí;
           mas ¿de quién podré fiar
           este secreto?

Arias   De mí.

Rey   No te quiero aventurar.

Arias   Pues yo darte un hombre quiero,
           valeroso, y gran soldado

como insigne caballero,
de quien el Moro ha temblado
en el obelisco fiero
    de Gibraltar, donde ha sido
muchas veces capitán
vitorioso, y no vencido;
y hoy en Sevilla le dan,
por gallardo y atrevido,
    el lugar primero; que es
de militares escuelas
el Sol.

Rey   Su nombre ¿cómo es?

Arias   Sancho Ortiz de las Roelas,
y el Cid andaluz después.
    Éste le dará la muerte,
señor, con facilidad;
que es bravo, robusto, y fuerte,
y tiene en esta ciudad
superior ventura y suerte.

Rey   Ése al momento me llama,
pues ya quiere amanecer.

Arias   Ven a acostarte.

Rey   ¿Qué cama,
Arias, puede apetecer
quien está ofendido, y ama?
    Ese hombre llama al momento.

Arias   En el Alcázar está
un bulto pendiente al viento.

Rey

    ¿Bulto dices? ¿Qué será?

Arias

    No será sin fundamento.

Rey

    Llega, don Arias, a ver
lo que es.

Arias

            Es mujer colgada.

Rey

    ¿Mujer?

Arias

         Digo que es mujer.

Rey

    ¿Mujer dices?

Arias

            Y está ahorcada,
con que no lo viene a ser.

Rey

    Mira quién es.

Arias

           ¡La esclavilla,
con el papel en las manos!

Rey

    ¡Hay tal rabia!

Arias

             ¡Hay tal mancilla!

Rey

    Mataré a los dos hermanos,
si se alborota Sevilla.
    Mándala luego quitar,
y con decoro y secreto
también la manda enterrar.
¿Ansí se pierde el respeto

a un rey? No me ha de quedar,
   si más que si arenas fuera,
de este linaje ninguno.
En Sevilla, gente fiera,
a mis manos, uno a uno,
no ha de quedar un Tavera;
   esta Estrella, que al Sol brilla
en Sevilla, ha de caer.

Arias   Si cae, no es maravilla
que la abrase.

Rey   Se ha de arder
hoy con su Estrella Sevilla.

(Vanse, y salen Busto y Estrella.)

Busto   Echa ese marco.

Estrella   ¿Qué es esto,
que apenas el Sol dormido
por los balcones del alba
sale pisando zafiros,
y del lecho me levantas,
solo, triste, y afligido?
¿Confuso y turbado me hablas?
Dime, ¿has visto algún delito
en que cómplice yo sea?

Busto   Tú me dirás si lo has sido.

Estrella   ¿Yo? ¿Qué dices? ¿Estás loco?
Dime si has perdido el juicio.
¿Yo delito? Mas ya entiendo

que tú lo has hecho en decirlo,
pues solo con preguntallo
contra mí lo has cometido.
¿Si he hecho delitos preguntas?
No de ti, de mí me admiro;
mas por decirte que sí,
lo quiero hacer en sufrillo.
¿No me conoces? ¿No sabes
quién soy? ¿En mi boca has visto
palabras desenlazadas
del honor con que las rijo?
¿Has visto alegres mis ojos,
de la cárcel de sus vidrios
desatar rayos al aire,
lisonjeros y lacivos?
¿En las manos de algún hombre
viste algún papel escrito
de la mía? ¿Has visto hablando,
dime, algún hombre conmigo?
Porque, si no has visto nada
de las cosas que te he dicho,
¿qué delito puede haber?

Busto   Sin ocasión no lo digo.

Estrella   ¿Sin ocasión?

Busto   ¡Ay, Estrella!
que esta noche en casa...

Estrella   Dilo;
que si estuviera culpada,
luego me ofrezco al suplicio.
¿Qué hubo esta noche en mi casa?

Busto   Esta noche, fue epiciclo
                       del Sol; que en entrando en ella
                       se trocó de Estrella el signo.

Estrella   Las llanezas del honor
                       no con astrólogo estilo
                       se han de decir; habla claro,
                       y deja en sus zonas cinco
                       al Sol; que, aunque Estrella soy,
                       yo por el Sol no me rijo;
                       que son las suyas errantes,
                       y yo Estrella fija he sido
                       en el cielo de mi honor,
                       de quien los rayos recibo.

Busto   Cuando partía la noche
                       con sus destemplados gritos
                       entre domésticas aves
                       los gallos olvidadizos,
                       rompiendo el mudo silencio
                       en su canoro sonido
                       la campana de Las Cuevas,
                       lisonja del cielo impíreo,
                       entré en casa, y topé en ella,
                       cerca de tu cuarto mismo,
                       al rey, solo y embozado.

Estrella   ¿Qué dices?

Busto   Verdad te digo.
                       Mira, Estrella, a aquellas horas
                       ¿a qué pudo haber venido
                       el rey a mi casa, solo,

si por Estrella no vino?
Que de noche las estrellas
son de los cielos jacintos,
y a estas horas las buscaban
los astrólogos egipcios.
Natilde con él estaba,
que a los pasos y al rüido
se oyó; que, aunque a oscuras
era, la vio el honor lince mío.
Metí mano, y «¿Quién va?» dije;
respondió, «Un hombre», y embisto
con él, y él, de mí apartado,
que era el rey, Estrella, dijo.
Y, aunque le conocí luego,
híceme desentendido
en conocelle; que el cielo
darme sufrimiento quiso.
Embistióme como rey
enojado y ofendido;
que un rey que embiste enojado
se trae su valor consigo.
Salieron pajes con luces,
y entonces, por no ser visto,
volvió la espalda, y no pudo
ser de nadie conocido.
Conjuré a la esclava, y ella,
sin mostralle de Dionisio
los tormentos, confesó
las verdades sin martirio.
Firmada la libertad
le dio en un papel que le hizo
el rey, que ha sido el proceso
en que sus culpas fulmino.
Saquéla de casa luego,

porque su aliento nocivo
no sembrara deshonor
por los nobles edificios;
que es un crïado, si es malo,
en la casa un basilisco;
si con lisonjas y halagos,
engañoso cocodrilo.
Cogíla a la puerta, y luego,
puesta en los hombros, camino
al Alcázar, y en sus rejas
la colgué por el delito;
que quiero que el rey conozca
que hay Brutos contra Tarquinos
en Sevilla, y que hay vasallos
honrados y bien nacidos.
Esto me ha pasado, Estrella;
nuestro honor está en peligro.
Yo he de ausentarme por fuerza,
y es fuerza darte marido.
Sancho Ortiz lo ha de ser tuyo;
que con su amparo te libro
del rigor del rey, y yo
libre me pongo en camino.
Yo le voy a buscar luego,
porque así mi honor redimo,
y el nombre de los Taveras
contra el tiempo resucito.

Estrella   ¡Ay, Busto! Dame esa mano
por el favor recebido
que me has hecho.

Busto   Hoy has de serlo,
y ansí, Estrella, te apercibo

su esposa; guarda silencio,
porque importa al honor mío.

(Vase.)

Estrella   ¡Ay, Amor! ¡Y qué ventura!
Ya estás de la venda asido;
no te has de librar. Mas ¿quién
sacó el fin por el principio,
si entre la taza y la boca
un sabio temió el peligro?

(Vase. Salen don Arias, y el Rey con dos papeles en las manos.)

Arias   Ya en la antecámara aguarda
Sancho Ortiz de las Roelas.

Rey   Ya me parece que tarda;
todo el amor es cautelas
si la piedad me acobarda,
 en este papel sellado
traigo su nombre y su muerte,
y en éste, que yo he mandado
matalle; y de aquesta suerte
él quedará disculpado.
 Hazle entrar, y echa a la puerta
la loba, y tú no entres.

Arias   ¿No?

Rey   No, porque quiero que advierta
que sé este secreto yo
solamente; que concierta
 la venganza en mi deseo

más acomodada ansí.

Arias Voy a llamarle.

(Vase.)

Rey Ya veo,
Amor, que no es éste en mí
alto y glorioso trofeo
  mas disculparme podrán
mil prodigiosas historias
que en vivos bronces están;
y este exceso entre mil glorias
los tiempos disculparán.

(Sale Sancho Ortiz.)

Sancho Vuestra Alteza a mis dos labios
les conceda los dos pies.

Rey Alzad; que os hiciera agravios;
alzad.

Sancho Señor...

Rey (Aparte.) (Galán es.)

Sancho Los filósofos más sabios,
  y más dulces oradores,
en la presencia real,
sus retóricas colores
pierden; y en grandeza igual,
y en tan inmensos favores,
  no es mucho que yo, señor,

me turbe, no siendo aquí
retórico, ni orador.

Rey

Pues decid, ¿qué veis en mí?

Sancho

La majestad, y el valor,
  y, al fin, una imagen veo
de Dios, pues le imita el rey;
y, después dél, en vos creo;
y a vuestra cesárea ley,
gran señor, aquí me empleo.

Rey

¿Cómo estáis?

Sancho

Nunca me he visto
tan honrado como estoy,
pues a vuestro lado asisto.

Rey

Pues, aficionado os soy
por prudente, y por bienquisto,
  y por valiente soldado,
y por hombre de secreto,
que es lo que más he estimado.

Sancho

Señor, de mí tal conceto,
Vuestra Alteza, más me ha honrado,
  que las partes que me dais
sin tenellas; sustenellas
tengo, por lo que me honráis.

Rey

Son las virtudes Estrellas.

Sancho (Aparte.)

(Si en la Estrella me tocáis,
ciertas son mis desventuras;

honrándome el rey me ofende;
no son sus honras seguras,
pues sospecho que pretende
dejarme sin ella a escuras.

Rey	 Porque estaréis con cuidado,
codicioso de saber
para lo que os he llamado,
decíroslo quiero, y ver
que en vos tengo un gran soldado.
   A mí me importa matar
en secreto a un hombre, y quiero
este caso confïar
solo de vos; que os prefiero
a todos los del lugar.

Sancho	 ¿Está culpado?

Rey	 Sí está.

Sancho	 Pues ¿cómo muerte en secreto
a un culpado se le da?
Poner su muerte en efeto
públicamente podrá
   vuestra justicia, sin darle
muerte en secreto; que ansí
vos os culpáis en culparle,
pues dais a entender que aquí
sin culpa mandáis matarle.
   Y dalle muerte, señor,
sin culpa, no es justa ley,
sino bábaro rigor;
y un rey, solo por ser rey,
se ha de respetar mejor;

que, si un brazo poderoso
no se vence en lo que puede,
siempre será riguroso,
y es bien que entrenado quede
con el afecto piadoso.
    ¿Qué hace un poderoso en dar
muerte a un humilde, despojos
de sus pies, sino triunfar
de las pasiones y enojos
con que le mandó matar?
    Si ese humilde os ha ofendido
en leve culpa, señor,
que le perdonéis os pido.

Rey
    Para su procurador,
Sancho Ortiz, no habéis venido,
    sino para darle muerte;
y, pues se la mando dar
escondiendo el brazo fuerte,
debe a mi honor importar
matarle de aquesta suerte.
    ¿Merece el que ha cometido
crimen lese muerte?

Sancho
                              En fuego.

Rey
    Y ¿si crimen lese ha sido
el de éste?

Sancho
                        ¡Que muera luego!
Y a voces, señor, os pido
    —aunque él mi hermano sea,
o sea deudo, o amigo
que en el corazón se emplea—

el riguroso castigo
que tu autoridad desea.
   Si es así, muerte daré,
señor, a mi mismo hermano,
y en nada repararé.

Rey   Dadme esa palabra y mano.

Sancho   Y en ella el alma y la fe.

Rey   Hallándole descuidado
puedes matalle.

Sancho   Señor,
siendo Roela, y soldado,
¿me quieres hacer traidor?
Yo, ¿muerte en caso pensado?
   Cuerpo a cuerpo he de matalle
donde Sevilla lo vea,
en la plaza, o en la calle;
que el que mata y no pelea,
nadie puede disculparle;
   y gana más el que muere
a traición, que el que le mata;
que el muerto opinión adquiere,
y el vivo, con cuantos trata,
su alevosía refiere.

Rey   Matalde como queráis;
que este papel, para abono,
de mí firmado lleváis,
por donde, Sancho, os perdono
cualquier delito que hagáis;
   referildo.

(Dale un papel.)

Sancho   Dice así
(Lee.)   «Al que ese papel advierte,
Sancho Ortiz, luego por mí
y en mi nombre dalde muerte;
que yo por vos salgo aquí;
 y si os halláis en aprieto,
por este papel firmado
sacaros dél os prometo.
Yo el Rey.» Estoy admirado
de que tan poco conceto
 tenga de mí Vuestra Alteza.
¿Yo cédula? ¿Yo papel?
Tratadme con más llaneza;
que más en vos que no en él
confía aquí mi nobleza.
 Si vuestras palabras cobran
valor que los montes labra,
y ellas cuanto dicen obran,
dándome aquí la palabra,
señor, los papeles sobran.
 A la palabra remito
la cédula que me dais,
con que a vengaros me incito,
porque, donde vos estáis,
es escusado lo escrito.
 Rompeldo, porque sin él
la muerte le solicita
mejor, señor, que con él;
que en parte desacredita
vuestra palabra el papel.

(Rómpele.)

Sin papel, señor, aquí
nos obligamos los dos,
y prometemos ansí: yo,
de vengaros a vos,
y vos, de librarme a mí.
      Y si es así, no hay que hacer
cédulas, que estorbo han sido
yo os voy luego a obedecer,
y solo, por premio, os pido
para esposa la mujer
      que yo eligiere.

Rey   Aunque sea
ricafembra de Castilla,
os la concedo.

Sancho   Posea
vuestro pie la alarbe silla;
el mar los castillos vea
      gloriosos, y dilatados
por sus trópicos ardientes
y por sus climas helados.

Rey   Vuestros hechos excelentes,
Sancho, quedarán premiados.
      En este papel va el nombre
del hombre que ha de morir.

(Dale un papel.)

cuando le abráis, no os asombre;
mirad que he oído decir

en Sevilla que es muy hombre.

Sancho

Presto, señor, lo sabremos.

Rey

Los dos, Sancho, solamente,
este secreto sabemos;
no hay que advertiros; prudente
sois vos. Obrad, y callemos.

(Vase el Rey, y sale Clarindo.)

Clarindo

¿Había de encontrarte,
cuando nuevas tan dulces vengo a darte?
Dame, señor, albricias
de las glorias mayores que codicias.

Sancho

¿Agora de humor vienes?

Clarindo

¿Cómo el alma en los brazos no previenes.

(Dale un papel.)

Sancho

¿Cúyo es éste?

Clarindo

De Estrella,
que estaba más que el Sol hermosa y bella,
cuando por la mañana
forma círculos de oro en leche y grana.
Mandóme que te diera
ese papel, y albricias te pidiera.

Sancho

¿De qué?

Clarindo

Del casamiento,

que se ha de efetüar luego al momento.

Sancho

    Abrázame, Clarindo;
que no he visto jamás hombre tan lindo.

(Lee el papel.)

Clarindo

    Tengo, señor, buen rostro
con buenas nuevas, pero fuera un monstruo
si malas las trajera;
que hermosea el placer de esta manera.
No vi que hermoso fuese
hombre jamás que deuda me pidiese,
ni vi que feo hallase
hombre jamás que deuda me pagase.
¡Los mortales deseos,
que hacéis hermosos los que espantan feos,
y feos, los hermosos!

Sancho

    ¡Ay, renglones divinos y amorosos!
Beberos quiero a besos,
para dejaros en el alma impresos,
donde, pues os adoro,
más eternos seréis que plantas de oro.
Abrázame, Clarindo;
que no he visto jamás hombre tan lindo.

Clarindo

    Soy como un alpargate.

Sancho

    Leeréle otra vez, aunque me mate
la impensada alegría.
¿Quién tal Estrella vio al nacer del día?
¿El hermoso lucero
del alba es para mí ya el Sol? Espero

en los dorados rayos
en abismos de luz pintar dos mayos.

(Lee.)

 «Esposo, ya ha llegado
el venturoso plazo deseado;
mi hermano va a buscarte,
solo por darme vida y por premiarte.
Si del tiempo te acuerdas,
búscale luego, y la ocasión no pierdas.
Tu Estrella.» ¡Ay, forma bella!
¿Qué bien no he de alcanzar con tal Estrella?
¡Ay, bulto soberano,
de este Pólux divino soy humano!

(A Clarindo.)

¡Vivas eternidades,
siendo a tus pies momentos las edades!
Si amares, en amores
trueques las esperanzas, en favores,
y en batallas y ofensas
siempre glorioso tus contrarios venzas
y no salgas vencido;
que ésta la suerte más dichosa ha sido.
Avisa al mayordomo
de la dichosa sujeción que tomo;
y que saque al momento
las libreas que están para este intento
en casa reservadas;
y saquen las cabezas coronadas
mis lacayos y pajes
de hermosas pesadumbres de plumajes.

Y si albricias codicias,
toma aqueste jacinto por albricias;
que el Sol también te diera,
cuando la piedra del anillo fuera.

Clarindo

¡Vivas más que la piedra,
a tu esposa enlazado como yedra!
Y, pues tanto te precio,
¡vivas, señor, más años que no un necio!

(Vase.)

Sancho

Buscar a Busto quiero;
que entre deseos y esperanzas muero.
¡Cómo el amor porfía!
¡Quién tal Estrella vio al nacer del día!
Mas con el nudo y gusto
me olvidaba del rey, y no era justo;
ya está el papel abierto
quiero saber quién ha de ser el muerto.

(Lee.)

«Al que muerte habéis de dar,
es, Sancho, a Busto Tavera.»
¡Válgame Dios! ¡Que esto quiera!
¡Tras una suerte un azar!
Toda esta vida es jugar
una carteta imperfecta,
mal barajada, y sujeta
a desdichas y a pesares;
que es toda en cientos y azares
como juego de carteta.
Pintada la suerte vi;

mas luego se despintó,
y el naipe se barajó
para darme muerte a mí.
Miraré si dice así,
pero yo no lo leyera
si el papel no lo dijera;
quiérole otra vez mirar.

(Lee.)

«Al que muerte habéis de dar,
es, Sancho, a Busto Tavera.»
    Perdido soy. ¿Qué he de hacer?
Que al rey la palabra he dado
de matar a mi cuñado,
y a su hermana he de perder.
Sancho Ortiz, no puede ser.
Viva Busto. Mas no es justo
que al honor contraste el gusto;
muera Busto, Busto muera.
Mas deténte, mano fiera;
viva Busto, viva Busto.
    Mas no puedo con mi honor
cumplir, si a mi amor acudo;
mas ¿quién resistirse pudo
de la fuerza del amor?
Morir me será mejor,
o ausentarme, de manera
que sirva al rey, y él no muera.
Mas quiero al rey agradar.

(Lee.)

«Al que muerte habéis de dar,

es, Sancho, a Busto Tavera.»
   ¡Oh, nunca yo me obligara
a ejecutar el rigor
del rey, y nunca el amor
mis potencias contrastara!
¡Nunca yo a Estrella mirara,
causa de tanto disgusto!
Si servir al rey es justo,
Busto muera, Busto muera;
pero estraño rigor fuera
viva Busto, viva Busto.
      ¿Si le mata por Estrella
el rey, que servirla trata?
Si por Estrella le mata,
pues no muera aquí por ella.
Ofendelle y defendella
quiero. Mas soy caballero,
y no he de hacer lo que quiero,
sino lo que debo hacer.
Pues que debo obedecer
la ley que fuere primero.
   Mas no hay ley que a aquesto obligue
mas sí hay; que, aunque injusto el rey,
debo obedecer su ley,
y a él, después, Dios le castigue.
Mi loco amor se mitigue;
que, aunque me cueste disgusto,
acudir al rey es justo;
Busto muera, Busto muera;
que ya no hay quien decir quiera
viva Busto, viva Busto.
   Perdóname, Estrella hermosa;
que no es pequeño castigo
perderte, y ser tu enemigo.

¿Qué he de hacer? ¿Puedo otra cosa?

(Sale Busto Tavera.)

Busto   Cuñado, suerte dichosa
                 he tenido en encontraros.

Sancho (Aparte.)   (Y yo desdicha en hallaros,
                 porque me buscáis aquí
                 para darme vida a mí;
                 pero yo, para mataros.)

Busto   Ya, hermano, el plazo llegó
                 de vuestras dichosas bodas.

Sancho (Aparte.)   (Más de mis desdichas todas
                 decirte pudiera yo.
                 ¡Válgame Dios! ¿Quién se vio
                 jamás en tanto pesar?
                 ¡Que aquí tengo de matar
                 al que más bien he querido.
                 ¡Que a su hermana haya perdido!
                 ¡Que con todo he de acabar!)

Busto   ¿De esa suerte os suspendéis,
                 cuando a mi hermana os ofrezco?

Sancho   Como yo no la merezco
                 callo.

Busto   ¿No la merecéis?
                 ¿Callando me respondéis?
                 ¿Qué dudáis, que estáis turbado
                 y con el rostro mudado

miráis al suelo, y al cielo?
Decid, ¿qué pálido hielo
de silencio os ha bañado?
   ¿Por escrituras no estáis
casado con doña Estrella?

Sancho
   Casarme quise con ella,
mas ya no, aunque me la dais.

Busto
   ¿Conocéisme? ¿Así me habláis?

Sancho
   Por conocernos, aquí
os hablo, Tavera, así.

Busto
   Si me conocéis Tavera,
¿cómo habláis de esa manera?

Sancho
   Hablo, porque os conocí.

Busto
   Habréis en mí conocido
sangre, nobleza y valor,
y virtud, que es el honor;
que sin ella honor no ha habido;
y estoy, Sancho Ortiz, corrido.

Sancho
   Más lo estoy yo.

Busto
                 ¿Vos? ¿De qué?

Sancho
   De hablaros.

Busto
                   Si en mi honra y fe
algún defeto advertís,
como villano mentís,

y aquí os lo sustentaré.

(Meten mano.)

Sancho   ¿Qué has de sustentar, villano?
(Aparte.)   (Perdone amor; que el exceso
                del rey me ha quitado el seso,
                y es el resistirme en vano.)

Busto   Muerto soy; detén la mano.

Sancho   ¡Ay, que estoy fuera de mí,
                y sin sentido te herí!
                Mas aquí, hermano, te pido,
                ya que he cobrado el sentido,
                que tu me mates a mí.
                quede tu espada envainada
                en mi pecho; abre con ella
                puerta al alma.

Busto   A doña Estrella
                os dejo, hermano, encargada.
                Adiós.

(Muere.)

Sancho   Rigurosa espada,
                sangrienta y fiera homicida,
                si me has quitado la vida,
                acábame de matar,
                porque le pueda pagar
                el alma por otra herida.

(Salen [don Pedro y Farfán,] los alcaldes mayores.)

Pedro   ¿Qué es esto? ¡Detén la mano!

Sancho   ¿Cómo, si a mi vida he muerto?

Farfán   ¿Hay tan grande desconcierto?

Pedro   ¿Qué es esto?

Sancho   ¡He muerto a mi hermano!
                 Soy un Caín sevillano;
                 que, vengativo y crüel,
                 maté un inocente Abel.
                 Veisle aquí, matadme aquí;
                 que, pues él muere por mí,
                 yo quiero morir por él.

(Sale don Arias.)

Arias   ¿Qué es esto?

Sancho   Un fiero rigor;
                 que tanto en los nobles labra
                 una cumplida palabra,
                 y un acrisolado honor.
                 Decilde al rey mi señor,
                 que tienen los Sevillanos
                 las palabras en las manos,
                 como lo veis, pues por ellas
                 atropellan las Estrellas,
                 y no hacen caso de hermanos.

Pedro   ¡Dió muerte a Busto Tavera!

Arias   ¡Hay tan temerario exceso!

Sancho   Prendedme, llevadme preso;
que es bien que el que mata muera.
Mirad qué hazaña tan fiera
me hizo el Amor intentar,
pues me ha obligado a matar,
y me ha obligado a morir,
pues por él vengo a pedir
la muerte que él me ha de dar.

Pedro   Llevalde a Trïana preso,
porque la ciudad se altera.

Sancho   Amigo Busto Tavera...

Farfán   Este hombre ha perdido el seso.

Sancho   Dejadme llevar en peso,
señores, el cuerpo helado
en noble sangre bañado;
que así su Atlante seré,
y entre tanto le daré
la vida que le he quitado.

Pedro   Loco está.

Sancho   Yo, si atropello
mi gusto, guardo la ley.
Esto, señor, es ser rey,
y esto, señor, es no sello.
Entendello, y no entendello,
importa, pues yo lo callo;
yo lo maté, no hay negallo,

mas el porqué no diré
otro confiese el porqué,
pues yo confieso el matallo.

(Llévanle, y vanse. Salen Estrella, y Teodora.)

Estrella

No sé si me vestí bien,
como me vestí de prisa;
dame, Teodora, el espejo.

Teodora

Verte, señora, en ti misma
puedes; que no hay cristal
que tantas verdades diga,
ni de hermosura tan grande
haga verdadera cifra.

Estrella

Alterado tengo el rostro,
y la color encendida.

Teodora

Es, señora, que la sangre
se ha asomado a las mejillas,
entre temor y vergüenza,
solo a celebrar tus dichas.

Estrella

Ya me parece que llega,
bañado el rostro de risa,
mi esposo a darme la mano
entre mil tiernas caricias.
Ya me parece que dice
mil ternezas, y que, oídas,
sale el alma por los ojos,
desestimando sus niñas.
   ¡Ay, venturoso día!
ésta, Teodora, ha sido estrella mía.

Teodora   Parece que suena gente.
               Todo el espejo, de envidia,
               el cristal, dentro la hoja,
               de una Luna hizo infinitas.

Estrella   ¿Quebróse?

Teodora   Señora, sí.

Estrella   Bien hizo, porque imagina
               que aguardo el cristal, Teodora,
               en que mis ojos se miran.
               Y pues tal espejo aguardo,
               quiébrese el espejo, amiga;
               que no quiero que con él
               éste de espejo me sirva.

(Sale Clarindo, muy galán.)

Clarindo   Ya, señora, aquesto suena
               a gusto y volatería;
               que las plumas del sombrero
               los casamientos publican.
               ¿No vengo galán? ¿No vengo
               como Dios hizo una guinda,
               hecho un jarao por de fuera,
               y por de dentro una pipa?
               A mi dueño di el papel,
               y dióme aquesta sortija
               en albricias.

Estrella   Pues yo quiero
               feriarte aquesas albricias;

dámela, y toma por ella
este diamante.

Clarindo   Partida
está por medio la piedra.
Será de melancolía;
que, los jacintos padecen
de ese mal, aunque le quitan;
partida por medio está.

Estrella   No importa que esté partida;
que es bien que las piedras
sientan mis contentos y alegrías.
  ¡Ay, venturoso día!
ésta, amigos, ha sido estrella mía.

Teodora   Gran tropel suena en los patios.

Clarindo   Y ya el escalera arriba
parece que sube gente.

Estrella   ¿Qué valor hay que resista
el placer? Pero, ¿qué es esto?

(Salen los [don Pedro y Farfán,] los alcaldes mayores con Busto, muerto.)

Pedro   Los desastres y desdichas
se hicieron para los hombres;
que es mar de llanto esta vida.
El señor Busto Tavera
es muerto, y sus plantas pisan
ramos de estrellas —el cielo
lisonjea argentería—.
El consuelo que aquí os queda

es que está el fiero homicida,
Sancho Ortiz de las Roelas,
preso, y dél se hará justicia
mañana sin falta.

Estrella   ¡Ay, Dios!
Dejadme, gente enemiga;
que en vuestras lenguas traéis
de los infiernos las iras.
¡Mi hermano es muerto, y le ha muerto
Sancho Ortiz! Y ¿hay quien lo diga,
y hay quien lo escuche, y no muera?
Piedra soy, pues estoy viva.
  ¡Ay, riguroso día!
ésta, amigos, ha sido estrella mía.
¿No hay cuchillos? ¿No hay espadas?
¿No hay cordel? ¿No hay encendidas
brasas? ¿No hay áspides fieros,
muertes de reinas egipcias?
Pero si hay piedad humana,
matadme.

Pedro   El dolor la priva
de la razón.

Estrella   ¡Desdichada
ha sido la estrella mía!
¡Mi hermano es muerto, y le ha muerto
Sancho Ortiz! ¿él, quien divida
tres almas de un corazón?
Dejadme; que estoy perdida.

Pedro   Ella está desesperada.

Farfán   Infeliz beldad!

(Vase.)

Pedro   Seguilda.

(Vase.)

Clarindo   Señora...

(Vase.)

Estrella   Déjame, ingrato,
                          sangre de aquel fratricida.
                          Y pues acabo con todo,
                          quiero acabar con la vida.
                           ¡Ay, riguroso día!
                          Ésta, Tcodora, ha sido estrella mia.

                          Fin de la segunda jornada

Jornada tercera

(Salen el Rey, [don Pedro y Farfán,] los Alcaides mayores y don Farfán.)

Pedro
    Confiesa que le mató,
    mas no confiesa por qué.

Rey
    ¿No dice qué le obligó?

Farfán
    Solo responde, «No sé»,
    y es gran confusión un no.

Rey
    ¿Dice si le dio ocasión?

Pedro
    Señor, de ninguna suerte.

Farfán
    ¡Temeraria confusión!

Pedro
    Dice que le dio la muerte;
    no sabe si es con razón.

Farfán
    Solo confiesa matarle
    porque matalle juró.

Arias
    Ocasión debió de darle.

Pedro
    Dice que no se la dio.

Rey
    Volved de mi parte a hablarle;
    y decilde que yo digo
    que luego el descargo dé;
    y decid que soy su amigo,
    y su enemigo seré
    en el rigor y castigo.

Declare por qué ocasión
dió muerte a Busto Tavera,
y en sumaria información,
antes que de necio muera,
dé del delito razón.
    Diga quién se lo mandó,
y por quién le dio la muerte,
o qué ocasión le movió
a hacerlo; que, de esta suerte,
oiré su descargo yo;
    o que a morir se aperciba.

Pedro   Eso es lo que más desea;
el sentimiento le priva,
viendo una hazaña tan fea,
tan avara, y tan esquiva,
    del jüicio.

Rey   ¿Y no se queja
de ninguno?

Farfán   No, señor;
con su pesar se aconseja.

Rey   ¡Notable y raro valor!

Farfán   Los cargos ajenos deja,
    y a sí se culpa, no más.

Rey   No se habrá visto en el mundo
tales dos hombres jamás;
cuando su valor confundo,
me van apurando más.
    Id, y haced, Alcaldes, luego,

que haga la declaración,
y habrá en la Corte sosiego.
Id, vos, con esta ocasión,
don Arias, a ese hombre ciego.
     De mi parte le decid
que diga por quién le dió
la muerte; y le persuadid
que declare, aunque sea yo,
el culpado; y prevenid,
     si no confiesa, al momento
el teatro en que mañana
le dé a Sevilla escarmiento.

Arias   Ya voy.

(Vanse los alcaldes, y don Arias, sale don Manuel.)

Manuel   La gallarda hermana,
con grande acompañamiento,
     de Busto Tavera, pide
para besaros las manos
licencia.

Rey   ¿Quién se lo impide?

Manuel   Gran señor, los ciudadanos.

Rey   Bien con la razón se mide!
     Dadme una silla, y dejad
que entre ahora.

Manuel   Voy por ella.

(Vase.)

Rey   Vendrá vertiendo beldad,
          como en el cielo la estrella
          sale tras la tempestad.

(Sale don Manuel, Estrella, y gente.)

Manuel   Ya está aquí.

Rey   No por abril
          parece así su arrebol
          el Sol gallardo y gentil,
          aunque por verano el Sol
          vierte rayos de marfil.

Estrella   Cristianísimo don Sancho,
          de Castilla rey ilustre,
          por las hazañas notable,
          heroico por las virtudes,
          una desdichada Estrella,
          que sus claros rayos cubre
          de este luto, que mi llanto
          lo ha sacado en negras nubes,
          justicia a pedirte vengo,
          mas no que tú la ejecutes,
          sino que en mi arbitrio dejes
          que mi venganza se funde.
          Estrella de mayo fui,
          cuando más flores produce;
          y agora en estraño llanto
          ya soy Estrella de otubre.
          No doy lugar a mis ojos
          que mis lágrimas enjuguen,
          porque anegándose en ellas

mi sentimiento no culpen.
Quise a Tavera mi hermano,
que sus sacras pesadumbres
ocupa pisando estrellas
en pavimentos azules;
como hermano me amparó,
y como a padre le tuve
la obediencia, y el respeto
en sus mandamientos puse.
Vivía con él contenta,
sin dejar que el Sol injurie;
que aun rayos del Sol no eran
a mis ventanas comunes.
Nuestra hermandad envidiaba
Sevilla, y todos presumen
que éramos los dos hermanos
que a una estrella se reducen.
Un tirano cazador
hace que el arco ejecute
el fiero golpe en mi hermano,
y nuestras glorias confunde.
Perdí hermano, perdí esposo;
sola he quedado, y no acudes
a la obligación de rey,
sin que nadie te disculpe.
Hazme justicia, señor.
Dame el homicida; cumple
con tu obligación en esto;
déjame que yo le juzgue.
Entrégamele, ansí reines
mil edades, ansí triunfes
de las lunas que te ocupan
los términos andaluces,
porque Sevilla te alabe,

sin que su gente te adule,
en los bronces inmortales
que ya los tiempos te bruñen.

Rey Sosegaos, y enjugad las luces bellas
si no queréis que se arda mi palacio;
que, en lágrimas, del Sol son las estrellas,
si cada rayo suyo es un topacio;
recoja el alba su tesoro en ellas,
si el Sol recién nacido le da espacio;
y dejad que los cielos las codicien;
que no es razón que aquí se desperdicien.
    Tomad esta sortija, y en Trïana
allanad el castillo con sus señas;
pónganlo en vuestras manos, sed tirana
fiera con él de las hircanas peñas,
aunque a piedad, y compasión villana,
nos enseñan volando las cigüeñas;
que es bien que sean, porque más asombre,
aves, y fieras, confusión del hombre.
    Vuestro hermano murió; quien le dio muerte
dicen que es Sancho Ortiz; vengaos vos della;
y aunque él muriese así de aquesa suerte,
vos la culpa tenéis por ser tan bella.
Si es la mujer el animal más fuerte,
mujer, Estrella, sois, y sois Estrella;
vos vencéis, que inclináis, y con venceros
    competencia tendréis con dos luceros.

Estrella ¿Qué ocasión dio, gran señor, mi hermosura
en la inocente muerte de mi hermano?
¿He dado yo la causa, por ventura
o con deseo, a propósito liviano?
¿Ha visto alguno en mí desenvoltura,

algún inútil pensamiento vano?

Rey

Es ser hermosa, en la mujer, tan fuerte,
que, sin dar ocasión, da al mundo muerte.
   Vos quedáis sin matar, porque en vos mata
la parte que os dio el cielo, la belleza;
se ofende mucho con vos cuando, ingrata
y emulación mortal naturaleza,
no avarientas las perlas, ni la plata,
y un oro que hace un mar vuestra cabeza,
para vos reservéis; que no es justicia.

Estrella

Aquí, señor, virtud es avaricia;
   que, si en mí plata hubiera y oro hubiera,
de mi cabeza luego le arrancara,
y el rostro con fealdad oscureciera,
aunque en brasas ardientes le abrasara.
Si un Tavera murió, quedó un Tavera;
y si su deshonor está en mi cara,
yo le pondré de suerte con mis manos,
que espanto sea entre los más tiranos.

(Vase.)

Rey (Aparte.)

(Si a Sancho Ortiz le entregan, imagino
que con su misma mano ha de matalle.
¿Que en vaso tan perfecto y peregrino
permite Dios que la fiereza se halle?
¡Ved lo que intenta un necio desatino!
Yo incité a Sancho Ortiz. Voy a libralle;
que amor que pisa púrpura de reyes,
a su gusto, no más, promulga leyes.)

(Vanse y salen Sancho, Clarindo, y Músicos.)

Sancho   ¿Algunos versos, Clarindo,
                no has escrito a mi suceso?

Clarindo   ¿Quién, señor, ha de escribir,
                teniendo tan poco premio?
                A las fiestas de la Plaza
                muchos me pidieron versos,
                y, viéndome por las calles,
                como si fuera maestro
                de cortar o de coser,
                me decían, «¿No está hecho
                aquel recado?» y me daban
                más priesa que un rompimiento.
                Y cuando escritas llevaba
                las instancias, muy compuestos
                decían, «Buenas están;
                yo, Clarindo, lo agradezco».
                Y, sin pagarme la hechura
                me enviaban boquiseco.
                No quiero escribir a nadie,
                ni ser tercero de necios;
                que los versos son cansados
                cuando no tienen provecho.
                Tomen la pluma los cultos,
                después de cuarenta huevos
                sorbidos, y versos pollos
                saquen a luz de otros dueños;
                que yo por comer escribo,
                si escriben comidos ellos.
                Y si qué comer tuviera,
                excediera en el silencio
                a Anajágoras, y burla
                de los latinos y griegos

ingenios hiciera.

(Salen [don Pedro y Farfán] los alcaldes mayores, y don Arias.)

Pedro   Entrad.

Clarindo   Que vienen, señor, sospecho,
                  éstos a notificarte
                  la sentencia.

(A los músicos.)

Sancho   Pues de presto
                  decid vosotros un tono.
(Aparte.)   (Agora sí que deseo
                  morir, y quiero cantando
                  dar muestras de mi contento;
                  fuera de que quiero darles
                  a entender mi heroico pecho,
                  y que aun la muerte no puede
                  en él obligarme a menos.)

Clarindo   ¡Notable gentilidad!
                  ¿Qué más hiciera un tudesco,
                  llena el alma de lagañas
                  de pipotes de lo añejo,
                  de Monturque y de Lucena,
                  santos y benditos pueblos?

(Cantan.)

Músicos   «Si consiste en el vivir
                  mi triste y confusa suerte,
                  lo que se alarga la muerte

eso se alarga el morir.»

Clarindo   ¡Gallardo mote han cantado!

Sancho   A propósito discreto.

(Cantan.)

Músicos   «No hay vida como la muerte,
para el que vive muriendo.»

Pedro   ¿Agora es tiempo, señor,
de música?

Sancho   Pues ¿qué tiempo
de mayor descanso pueden
tener en su mal los presos?

Farfán   Cuando la muerte por horas
le amenaza, y por momentos
la sentencia está aguardando
del fulminado proceso,
¿con música se entretiene?

Sancho   Soy cisne, y la muerte espero
cantando.

Farfán   Ha llegado el plazo.

Sancho   Las manos y pies os beso
por las nuevas que me dais.
¡Dulce día!

(A los Músicos.)

                    Solo tengo,
amigos, esta sortija,
pobre prisión de mis dedos.
Repartilda; que en albricias
os la doy; y mis contentos
publicad con la canción
que a mi propósito han hecho.

(Cantan.)

Músicos   «Si consiste en el vivir
mi triste y confusa suerte,
lo que se alarga la muerte,
eso se alarga el morir.»

Sancho   Pues si la muerte se alarga
lo que la vida entretengo,
y está en la muerte la vida,
con justicia la celebro.

Pedro   Sancho Ortiz de las Roelas,
¿vos confesáis que habéis muerto
a Busto Tavera?

Sancho   Sí,
y aquí a voces lo confieso.
Yo le di muerte, señores,
al más noble caballero
que trujo arnés, ciñó espada,
lanza empuñó, enlazó yelmo.
Las leyes del amistad,
guardadas con lazo eterno,
rompí, cuando él me ofreció

sus estrellados luceros.
Buscad bárbaros castigos,
inventad nuevos tormentos,
porque en España se olviden
de Fálaris y Magencio.

Farfán   Pues ¿sin daros ocasión
le matasteis?

Sancho   Yo le he muerto;
esto confieso, y la causa
no la sé, y causa tengo,
y es de callaros la causa;
pues tan callada la tengo,
si hay alguno que lo sepa,
dígalo; que yo no entiendo
por qué murió; solo sé
que le maté sin saberlo.

Pedro   Pues parece alevosía
matarle sin causa.

Sancho   Es cierto
que la dio, pues que murió.

Pedro   ¿A quién la dio?

Sancho   A quien me ha puesto
en el estado en que estoy,
que es en el último estremo.

Pedro   ¿Quién es?

Sancho   No puedo decirlo,

porque me encargó el secreto;
que, como rey en las obras,
he de serlo en el silencio.
Y para matarme a mí,
basta saber que le he muerto,
sin preguntarme el porqué.

Arias
    Señor Sancho Ortiz, yo vengo
aquí en nombre de Su Alteza
a pediros que a su ruego
confeséis quién es la causa
de este loco desconcierto.
Si lo hicisteis por amigos,
por mujeres, o por deudos,
o por algún poderoso
y grande de aqueste reino;
y si tenéis de su mano papel,
resguardo, o concierto,
escrito o firmado, al punto
lo manifestéis, haciendo
lo que debéis.

Sancho
          Si lo hago,
no haré, señor, lo que debo.
Decilde a Su Alteza, amigo,
que cumplo lo que prometo;
y si él es don Sancho el Bravo,
yo ese mismo nombre tengo.
Decilde que bien pudiera
tener papel; mas me afrento
de que papeles me pida,
habiendo visto romperlos.
Yo maté a Busto Tavera;
y, aunque aquí librarme puedo,

no quiero, por entender
que alguna palabra ofendo.
Rey soy en cumplir la mía,
y lo prometido he hecho;
y quien promete, también
es razón haga lo mesmo.
Haga quien se obliga hablando,
pues yo me he obligado haciendo;
que, si al callar llaman Sancho,
yo soy Sancho, y callar quiero.
Esto a Su Alteza decid;
y decilde que es mi intento
que conozca que en Sevilla
también ser reyes sabemos.

Arias   Si en vuestra boca tenéis
el descargo, es desconcierto
negarlo.

Sancho   Yo soy quien soy,
y siendo quien soy, me venzo
a mí mismo con callar,
y a alguno que calla afrento;
quien es quien es, haga obrando
como quien es, y con esto,
de aquesta suerte, los dos
como quien somos haremos.

Arias   Eso le diré a Su Alteza.

Pedro   Vos, Sancho Ortiz, habéis hecho
un caso muy mal pensado,
y anduvistis poco cuerdo.

Farfán   Al Cabildo de Sevilla
habéis ofendido, y puesto
a su rigor vuestra vida,
y en su furor vuestro cuello.

(Vase.)

Pedro   Matasteis a un Regidor
sin culpa, al cielo ofendiendo.
Sevilla castigará
tan locos atrevimientos.

(Vase.)

Arias   Y al rey, que es justo, y es santo.
¡Raro valor! ¡Bravo esfuerzo!

(Vase.)

Clarindo   ¿Es posible que consientas
tantas injurias?

Sancho   Consiento
que me castiguen los hombres,
y que me confunda el cielo;
y ya, Clarindo, comienza.
¿No oyes un confuso estruendo?
Braman los aires, armados
de relámpagos y truenos.
Uno baja sobre mí
como culebra, esparciendo
círculos de fuego apriesa.

Clarindo (Aparte.)   (Pienso que ha perdido el seso;

quiero seguirle el humor.)

Sancho   ¡Que me abraso!

Clarindo   ¡Que me quemo!

Sancho   ¿Cogióte el rayo también?

Clarindo   ¿No me ves cenizas hecho?

Sancho   ¡Válgame Dios!

Clarindo   Sí, señor,
ceniza soy de sarmientos.

Sancho   Dame una poca, Clarindo,
para que diga «memento».

Clarindo   Y ¿a ti no te ha herido el rayo?

Sancho   ¿No me ves, Clarindo, vuelto,
como la mujer de Lot,
en piedra sal?

Clarindo   Quiero verlo.

Sancho   Tócame.

Clarindo   Duro y salado
estás.

Sancho   ¿No lo he de estar, necio,
si soy piedra sal aquí?

Clarindo
          Así te gastarás menos;
mas si eres ya piedra sal,
di, ¿cómo hablas?

Sancho
                    Porque tengo
el alma ya encarcelada
en el infierno del cuerpo.
Y tú, si eres ya ceniza,
¿cómo hablas?

Clarindo
                    Soy un brasero,
donde entre cenizas pardas
el alma es tizón cubierto.

Sancho
          ¿Alma tizón tienes? Malo.

Clarindo
          Antes, señor, no es muy bueno.

Sancho
          Ya estamos en la otra vida.

Clarindo
          Y pienso que en el infierno.

Sancho
          ¿En el infierno, Clarindo?
¿En qué lo ves?

Clarindo
                    En que veo,
señor, en aquel castillo
más de mil sastres mintiendo.

Sancho
          Bien dices que en él estamos;
que la Soberbia está ardiendo
sobre esa torre, formada
de arrogantes y soberbios.
Allí veo a la Ambición

tragando abismos de fuego.

Clarindo   Y más adelante está
una legión de cocheros.

Sancho   Si andan coches por acá,
ya destruirán al infierno;
pero si el infierno es,
¿cómo escribanos no vemos?

Clarindo   No los quieren recibir,
porque acá no inventen pleitos,

Sancho   Pues si en él pleitos no hay,
bueno es el infierno.

Clarindo   Bueno.

Sancho   ¿Qué son aquéllos?

Clarindo   Tahures
sobre una mesa de fuego.

Sancho   Y aquéllos ¿qué son?

Clarindo   Demonios,
que los llevan, señor, presos.

Sancho   ¿No les basta ser demonios,
sino soplones? ¿Qué es esto?

Clarindo   Voces de dos mal casados
que se están pidiendo celos.

| Sancho | Infierno es ése dos veces,
acá y allá padeciendo.
¡Bravo penar, fuerte yugo!
Lástima, por Dios, les tengo.
¿De qué te ríes?

| Clarindo | De ver
a un espantado hacer gestos,
señor, a aquellos demonios,
porque le han ajado el cuello
y cortado las melenas.

| Sancho | Ése es notable tormento;
sentirálo mucho.

| Clarindo | Allí
la Necesidad, haciendo
cara de hereje, da voces.

| Sancho | Acá y allá padeciendo,
pobre mujer, disculpados
habían de estar sus yerros,
porque la Necesidad
tiene disculpa en hacerlos,
y no te espantes, Clarindo.

| Clarindo | ¡Válgame Dios! Saber quiero
quién es aquél de la pluma.

| Sancho | Aquél, Clarindo, es Homero,
y aquél, Virgilio, a quien Dido
la lengua le cortó, en premio
del testimonio y mentira
que le levantó. Aquel viejo

es Horacio, aquél, Lucano
y aquél, Ovidio.

Clarindo   No veo,
señor, entre estos poetas
ninguno de nuestros tiempos
no veo ahora ninguno
de los sevillanos nuestros.

Sancho   Si son los mismos demonios,
dime, ¿cómo puedes verlos?
que allá en forma de poetas
andan dándonos tormentos.

Clarindo   ¿Demonios poetas son?
Por Dios, señor, que lo creo;
que aquel demonio de allí,
arrogante y corninegro,
a un poeta amigo mío
se parece, pero es lego;
que los demonios son sabios,
mas éste será mostrenco.
Allí está el tirano Honor,
cargado de muchos necios
que por la honra padecen.

Sancho   Quiérome juntar con ellos.
Honor, un necio y honrado
viene a ser crïado vuestro,
por no exceder vuestras leyes.
Mal, amigo, lo habéis hecho,
porque el verdadero honor
consiste ya en no tenerlo.
¡A mí me buscáis allá,

y ha mil siglos que estoy muerto!
Dinero, amigo, buscad;
que el honor es el dinero.
¿Qué hicisteis? Quise cumplir
una palabra. Rïendo
me estoy; ¿palabras cumplís?
Parecéisme majadero;
que es ya el no cumplir palabras
bizarría en este tiempo.
Prometí matar a un hombre,
y le maté airado, siendo
mi mayor amigo. Malo.

Clarindo   ¿No es muy bueno?

Sancho   No es muy bueno.
Metelde en un calabozo,
y condénese por necio.
Honor, su hermana perdí,
y ya en su hacienda padezco.
No importa.

Clarindo (Aparte.)   (¡Válgame Dios!
Si más proseguir le dejo,
ha de perder el jüicio;
inventar quiero un enredo.)

(Da voces.)

Sancho   ¿Quién da voces? ¿Quién da voces?

Clarindo   Da voces el Cancerbero,
portero de este palacio.
¿No me conocéis?

Sancho   Sospecho
                que sí.

Clarindo   Y vos ¿quién sois?

Sancho   ¿Yo?
                Un honrado.

Clarindo   ¿Y acá dentro
                estáis? Salid, noramala.

Sancho   ¿Qué decís?

Clarindo   Salid de presto;
                que este lugar no es de honrado.
                Asilde, llevalde preso
                al otro mundo, a la cárcel
                de Sevilla por el viento.
                ¿Cómo? Tapados los ojos,
                para que vuele sin miedo.
                Ya está tapado. En sus hombros
                al punto el Diablo Cojuelo
                allá le ponga de un salto.
                ¿De un salto? Yo estoy contento.
                Camina, y lleva también
                de la mano al compañero.

(Da una vuelta, y déjale.)

                Ya estáis en el mundo, amigo.
                Quedaos a Dios. Con Dios quedo.

Sancho   ¿A Dios dijo?

Clarindo   Sí, señor;
que este demonio, primero
que lo fuese, fue cristiano,
y bautizado, y Gallego
en Cal de Francos.

Sancho (Aparte.)   Parece
que de un éxtasis recuerdo.
(¡Válgame Dios! ¡Ay, Estrella,
qué desdichada la tengo
sin vos! Mas si yo os perdí,
este castigo merezco.)

(Salen el Alcaide, y Estrella, con manto.)

Estrella   Luego el preso me entregad.

Alcaide   Aquí está, señora, el preso;
y, como lo manda el rey,
en vuestras manos le entrego.
Señor Sancho Ortiz, Su Alteza
nos manda que le entreguemos
a esta señora.

(Vase.)

Estrella   Señor,
venid conmigo.

Sancho   Agradezco
la piedad si es a matarme,
porque la muerte deseo.

Estrella

Dadme la mano, y venid.

Clarindo

¿No parece encantamento?

Estrella

Nadie nos sigue.

Clarindo
(Aparte.)

                Está bien.
(¡Por Dios, que andamos muy buenos,
desde el infierno a Sevilla,
y de Sevilla al infierno!)
Plegue a Dios que aquesta Estrella
se nos vuelva ya un lucero.

(Vase.)

Estrella

    Ya os he puesto en libertad.
Idos, Sancho Ortiz, con Dios,
y advertid que uso con vos
de clemencia y de piedad;
Idos con Dios, acabad.
Libre estáis. ¿Qué os detenéis?
¿Qué miráis? ¿Qué os suspendéis?
Tiempo pierde el que se tarda.
Id; que el caballo os aguarda
en que escaparos podéis.
    Dineros tiene el crïado
para el camino.

Sancho

                Señora,
dadme esos pies.

Estrella

                    Id; que ahora
no es tiempo.

Sancho   Voy con cuidado.
Sepa yo quién me ha librado,
porque sepa agradecer
tal merced.

Estrella   Una mujer,
vuestra aficionada, soy,
que la libertad os doy,
teniéndola en mi poder.
      Id con Dios.

Sancho   No he de pasar
de aquí, si no me decís
quién sois o no os descubrís.

Estrella   No me da el tiempo lugar.

Sancho   La vida os quiero pagar,
y la libertad también
yo he de conocer a quién
tanta obligación le debo,
para pagar lo que debo,
reconociendo este bien.

Estrella   Una mujer principal
soy, y, si más lo pondero,
la mujer que más os quiero,
y a quien vos queréis más mal.
Id con Dios.

Sancho   Yo no haré tal,
si no os descubrís ahora.

Estrella   Porque os vais, yo soy.

(Descúbrese.)

Sancho   ¡Señora!
                      ¡Estrella del alma mía!

Estrella   Estrella soy que te guía,
                      de tu vida, precursora.
                         Véte; que amor atropella
                      la fuerza así del rigor,
                      que, como te tengo amor,
                      te soy favorable Estrella.

Sancho   ¡Tú, resplandeciente y bella
                      con el mayor enemigo!
                      ¡Tú, tanta piedad conmigo!
                      Trátame con más crueldad;
                      que aquí es rigor la piedad,
                      porque es piedad el castigo.
                         Haz que la muerte me den;
                      no quieras, tan liberal,
                      con el bien hacerme mal,
                      cuando está en mi mal el bien.
                      ¡Darle libertad a quien
                      muerte a su hermano le dio!
                      No es justo que viva yo,
                      pues él padeció por mí;
                      que es bien que te pierda así
                      quien tal amigo perdió.
                         En libertad de esta suerte,
                      me entrego a la muerte fiera,
                      porque si preso estuviera,
                      ¿qué hacía en pedir la muerte?

116

Estrella	Mi amor es más firme y fuerte, y así la vida te doy.

Sancho	Pues yo a la muerte me voy, puesto que librarme quieres; que, si haces como quien eres, yo he de hacer como quien soy.

Estrella	¿Por qué mueres?

Sancho	Por vengarte.

Estrella	¿De qué?

Sancho	De mi alevosía.

Estrella	Es crueldad.

Sancho	Es valentía.

Estrella	Ya no hay parte.

Sancho	Amor es parte.

Estrella	Es ofenderme.

Sancho	Es amarte.

Estrella	¿Cómo me amas?

Sancho	Muriendo.

Estrella	Antes me ofendes.

Sancho   Viviendo.

Estrella   Óyeme.

Sancho   No hay qué decir.

Estrella   ¿Dónde vas?

Sancho   Voy a morir,
pues con la vida te ofendo.

Estrella   Vete, y déjame.

Sancho   No es bien.

Estrella   Vive, y líbrate.

Sancho   No es justo.

Estrella   ¿Por quién mueres?

Sancho   Por mi gusto.

Estrella   Es crueldad.

Sancho   Honor también.

Estrella   ¿Quién te acusa?

Sancho   Tu desdén.

Estrella   No lo tengo.

Sancho   Piedra soy.

Estrella   ¿Estás en ti?

Sancho   En mi honra estoy,
               y te ofendo con vivir.

Estrella   Pues vete, loco, a morir;
               que a morir también me voy.

(Vanse cada uno por su puerta. Salen el Rey y don Arias.)

Rey   ¿Que no quiera confesar
               que yo mandé darle muerte?

Arias   No he visto bronce más fuerte;
               todo su intento es negar.
                 Dijo al fin que él ha cumplido
               su obligación, y que es bien
               que cumpla la suya quien
               le obligó con prometido.

Rey   Callando quiere vencerme.

Arias   Y aun te tiene convencido.

Rey   Él cumplió lo prometido;
               en confusión vengo a verme
                 por no poderle cumplir
               la palabra que enojado
               le dí.

Arias   Palabra que has dado
               no se puede resistir,
                 porque, si debe cumplilla

un hombre ordinario, un rey
la hace entre sus labios ley,
y a la ley todo se humilla.

Rey

    Es verdad, cuando se mide
con la natural razón
la ley.

Arias

        Es obligación.
El vasallo no la pide
  al rey. Solo ejecutar,
sin verlo y averiguallo,
debe la ley el vasallo,
y el rey debe consultar.
  Tú esta vez la promulgaste
en un papel, y, pues él
la ejecutó sin papel,
a cumplilla te obligaste
  la ley que hiciste en mandarle
matar a Busto Tavera;
que, si por tu ley no fuera,
él no viniera a matarle.

Rey

    Pues ¿he de decir que yo
darle la muerte mandé,
y que tal crueldad usé
con quien jamás me ofendió?
  El Cabildo de Sevilla,
viendo que la causa fuí,
Arias, ¿qué dirá de mí?
Y ¿qué se dirá en Castilla,
  cuando don Alonso en ella
me está llamando tirano,
y el Pontífice romano

con censuras me atropella?
   La parte de mi sobrino
vendrá a esforzar por ventura,
y su amparo la asegura.
Falso mi intento imagino
   también, si dejo morir
a Sancho Ortiz. Es bajeza.
¿Qué he de hacer?

Arias   Puede Tu Alteza
con halagos persuadir
   a los Alcaldes Mayores,
y pedilles con destierro
castiguen su culpa y yerro,
atropellando rigores.
   Pague Sancho Ortiz; así
vuelves, gran señor, por él,
y, ceñido de laurel,
premiado queda de ti.
   puedes hacerle, señor,
general de una frontera.

Rey   Bien dices; pero si hubiera
ejecutado el rigor
   con él doña Estrella ya,
a quien mi anillo le di,
¿cómo lo haremos aquí?

Arias   Todo se remediará,
   y en tu nombre iré a prendella
por causa que te ha movido;
y, sin gente y sin rüido,
traeré yo al Alcázar a Estrella.
   Aquí la persuadirás

a tu intento, y, porque importe,
con un grande de la Corte
casarla, señor, podrás;
    que su virtud y nobleza
merece un alto marido.

Rey   ¡Cómo estoy arrepentido,
don Arias, de mi flaqueza!
    Bien dice un sabio, que aquél
era sabio solamente
que era en la ocasión prudente,
como en la ocasión crüel.
    Ve luego a prender a Estrella,
pues de tanta confusión
me sacas con su prisión;
que pienso casar con ella,
    para venirla a aplacar,
un ricohome de Castilla;
y a poderla dar mi silla,
la pusiera en mi lugar;
    que tal hermano y hermana
piden inmortalidad.

Arias   La gente de esta ciudad
oscurecen la romana.

(Vase don Arias y Sale el Alcaide.)

Alcaide   Déme los pies Vuestra Alteza.

Rey   Pedro de Cáus, ¿qué causa
os trae a mis pies?

Alcaide   Señor,

este anillo con sus armas
¿no es de Vuestra Alteza?

Rey   Sí.
éste es privilegio y salva
de cualquier crimen que hayáis
cometido.

Alcaide   Fue a Trïana,
invicto señor, con él
una mujer muy tapada,
diciendo que Vuestra Alteza,
que le entregara, mandaba
a Sancho Ortiz. Consultéle
tu mandato con las guardas,
y el anillo juntamente,
y todos que le entregara
me dijeron; dile luego,
pero, en muy poca distancia,
Sancho Ortiz, dando mil voces,
pide que las puertas abra
del castillo, como loco.
«No he de hacer lo que el rey manda»
decía, y «Quiero morir;
que es bien que muera quien mata».
La entrada le resistí,
pero, como voces tantas
daba, fue el abrirle fuerza
entró, donde alegre aguarda
la muerte.

Rey   No he visto gente
más gentil ni más cristiana
que la de esta ciudad: callen

bronces, mármoles, y estatuas.

Alcaide   La mujer dice, señor,
que la libertad le daba
y que él no quiso admitirla
por saber que era la hermana
de Busto Tavera, a quien
dio la muerte.

Rey   Más me espanta
lo que me decís agora.
En sus grandezas agravian
la mesma naturaleza
ella, cuando más ingrata
había de ser, le perdona,
le libra; y él, por pagarla
el ánimo generoso,
se volvió a morir. Si pasan
más adelante sus hechos,
dé la vida a eternas planchas.
Vos, Pedro de Caus, traedme
con gran secreto al Alcázar
a Sancho Ortiz en mi coche,
escusando estruendo y guardas.

Alcaide   Yo voy a servirte.

(Vase y sale en Criado.)

Criado   Aquí
ver a Vuestra Alteza aguardan
sus dos Alcaldes Mayores.

Rey   Decid que entren con sus varas.

(Vase el Criado.)

Yo, si puedo, a Sancho Ortiz
he de cumplir la palabra,
sin que mi rigor se entienda.

(Salen [don Pedro y Farfán,] los dos alcaldes mayores.)

Pedro   Ya, gran señor, sustanciada
la culpa, pide el proceso
la sentencia.

Rey   Sustanciadla;
solo os pido que miréis,
pues sois padres de la patria,
su justicia; y la clemencia
muchas veces la aventaja.
Regidor es de Sevilla
Sancho Ortiz, si es el que falta
Regidor; uno piedad
pide, si el otro venganza.

Farfán   Alcaldes Mayores somos
de Sevilla, y hoy nos cargan
en nuestros hombros, señor,
su honor y su confïanza.
Estas varas representan
a Vuestra Alteza; y, si tratan
mal vuestra planta divina,
ofenden a vuestra estampa.
Derechas miran a Dios;
y, si se doblan y bajan,
miran al hombre, y del cielo,

en torciéndose, se apartan.

Rey
	No digo que las torzáis,
sino que equidad se haga
en la justicia.

Pedro
	Señor,
la causa de nuestras causas
es Vuestra Alteza. En su fiat
penden nuestras esperanzas.
Dalde la vida, y no muera,
pues nadie en los reyes manda;
Dios manda en los reyes;
Dios de los Saúles traslada
en los humildes Davides
las coronas soberanas.

Rey
	Entrad, y ved la sentencia,
qué da por disculpa, y salga
al suplicio Sancho Ortiz
como las leyes lo tratan.
Vos, don Pedro de Guzmán,
escuchadme una palabra
aquí aparte.

(Vase Farfán.)

Pedro
	Pues, ¿qué es
lo que Vuestra Alteza manda?

Rey
	Dando muerte a Sancho Ortiz,
don Pedro, no se restaura
la vida al muerto; y querría,
evitando la desgracia

mayor, que le desterremos
a Gibraltar, o a Granada,
donde en mi servicio tenga
una muerte voluntaria.
¿Qué decís?

Pedro   Que soy don Pedro
de Guzmán, y a vuestras plantas
me tenéis; vuestra es mi vida,
vuestra es mi hacienda, y espada,
y ansí serviros prometo
como el menor de mi casa.

Rey   Dadme esos brazos, don Pedro
de Guzmán; que no esperaba
yo menos de un pecho noble.
Id con Dios: haced que salga
luego Farfán de Ribera.

(Vase don Pedro.)

(Aparte.)   (Montes la lisonja allana.)

(Sale Farfán.)

Farfán   Aquí a vuestros pies estoy.

Rey   Farfán de Ribera, estaba
con pena de que muriera
Sancho Ortiz; mas ya se trata
de que en destierro se trueque
la muerte; y será más larga,
porque será mientras viva.
Vuestro parecer me falta,

para que así se pronuncie
cosa de más importancia.

Farfán   Mande a Farfán de Ribera
Vuestra Alteza, sin que en nada
repare; que mi lealtad
en servirle no repara
en cosa alguna.

Rey   Al fin, sois
Ribera en quien vierte el alba
flores de virtudes bellas,
que os guarnecen y acompañan.
Id con Dios.

(Vase Farfán.)

Rey   Bien negocié.
Hoy de la muerte se escapa
Sancho Ortiz, y mi promesa
sin que se entienda se salva.
Haré que por general
de alguna frontera vaya,
con que le destierro y premio.

(Vuelven los alcaldes.)

Pedro   Ya está, gran señor, firmada
la sentencia, y que la vea
Vuestra Alteza solo falta.

(Dale al Rey un papel.)

Rey   Habrá la sentencia sido

como yo la deseaba
de tan nobles caballeros.

Farfán   Nuestra lealtad nos ensalza.

(Lee.)

Rey   «Fallamos y pronunciamos
que le corten en la plaza
la cabeza.» ¿Esta sentencia
es la que traéis firmada?
¿Ansí, villanos, cumplís
a vuestro rey la palabra?
¡Vive Dios!

Farfán   Lo prometido
con las vidas y las armas
cumplirá el menor de todos,
como ves, como arrimada
la vara tenga; con ella,
ipor las potencias humanas,
por la tierra, y por el cielo,
que ninguno de ellos haga
cosa mal hecha, o mal dicha!

Pedro   Como a vasallos nos manda,
mas como a Alcaldes Mayores,
no pidas injustas causas;
que aquello es estar sin ellas,
y aquesto es estar con varas;
y el Cabildo de Sevilla
es quien es.

Rey   Bueno está. Basta;

que todos me avergonzáis.

(Salen Don Arias, y Estrella.)

Arias   Ya está aquí Estrella.

Rey   Don Arias,
¿qué he de hacer? ¿Qué me aconseja
entre confusiones tantas?

(Salen el Alcaide, y don Sancho Ortiz, y Clarindo.)

Alcaide   Ya Sancho Ortiz está aquí.

Sancho   Gran señor, ¿por qué no acabas
con la muerte mis desdichas,
con tu rigor mis desgracias?
Yo maté a Busto Tavera.
Mátame, muera quien mata.
Haz, señor, misericordia,
haciendo justicia.

Rey   Aguarda.
¿Quién te mandó dar la muerte?

Sancho   Un papel.

Rey   ¿De quién?

Sancho   Si hablara
el papel, él lo dijera;
que es cosa evidente y clara;
mas los papeles rompidos
dan confusas las palabras.

Solo sé que di la muerte
al hombre que más amaba,
por haberlo prometido.
Mas aquí a tus pies aguarda
Estrella mi heroica muerte,
y aun no es bastante venganza.

Rey   Estrella, yo os he casado
con un grande de mi casa,
mozo, galán, y en Castilla
príncipe, y señor de salva.
Y en premio de esto os pedimos
con su perdón vuestra gracia,
que no es justo que se niegue.

Estrella   Ya, señor, que estoy casada,
vaya libre Sancho Ortiz.
No ejecutes mi venganza.

Sancho   Al fin, ¿me das el perdón
porque Su Alteza te casa?

Estrella   Sí, por eso te perdono.

Sancho   Y ¿quedas ansí vengada
de mi agravio?

Estrella   Y satisfecha.

Sancho   Pues, porque tus esperanzas
se logren, la vida aceto,
aunque morir deseaba.

Rey   Id con Dios.

Farfán   Mirad, señor,
que así Sevilla se agravia,
y debe morir.

Rey   ¿Qué haré?
que me apuran y acobardan
esta gente.

Arias   Hablad.

Rey   Sevilla,
matadme a mí; que fuí causa
de esta muerte. Yo mandé
matarle, y aquesto basta
para su descargo.

Sancho   Solo
ese descargo aguardaba
mi honor; que el rey me mandó
matarle; que yo una hazaña
tan fiera no cometiera,
si el rey no me lo mandara.

Rey   Digo que es verdad.

Farfán   Así
Sevilla se desagravia;
que, pues mandasteis matarle,
sin duda os daría causa.

Rey   Admirado me ha dejado
la nobleza sevillana.

Sancho   Yo a cumplir salgo el destierro,
               cumpliéndome otra palabra
               que me disteis.

Rey   Yo la ofrezco.

Sancho   Yo dije que aquella dama
               por mujer habías de darme
               que yo quisiera.

Rey   Ansí pasa.

Sancho   Pues a doña Estrella pido,
               y aquí, a sus divinas plantas,
               el perdón de mis errores.

Estrella   Sancho Ortiz, yo estoy casada.

Sancho   ¿Casada?

Estrella   Sí.

Sancho   Yo estoy muerto.

Rey   Estrella, ésta es mi palabra;
               rey soy, y debo cumplirla.
               ¿Qué me respondéis?

Estrella   Que se haga
               vuestro gusto. Suya soy.

Sancho   Yo soy suyo.

Rey   Ya ¿qué os falta?

Sancho   La conformidad.

Estrella   Pues ésa
jamás podremos hallarla
viviendo juntos.

Sancho   Lo mismo
digo yo, y por esta causa
de la palabra te absuelvo.

Estrella   Yo te absuelvo la palabra;
que ver siempre al homicida
de mi hermano en mesa y cama
me ha de dar pena.

Sancho   Y a mí,
estar siempre con la hermana
del que maté injustamente,
queriéndole como al alma.

Estrella   Pues ¿libres quedamos?

Sancho   Sí.

Estrella   Pues adiós.

Sancho   Adiós.

Rey   Aguarda.

Estrella   Señor, no ha de ser mi esposo
hombre que a mi hermano mata,
aunque le quiero y adoro.

(Vase.)

Sancho
Y yo, señor, por amarla,
no es justicia que lo sea.

(Vase.)

Rey
¡Brava fe!

Arias
¡Brava constancia!

Clarindo
Más me parece locura.

Rey
Toda esta gente me espanta.

Pedro
Tiene esta gente Sevilla.

Rey
Casarla pienso, y casarla
como merece.

Clarindo
Y aquí
esta tragedia os consagra
Cardenio, dando a la Estrella
de Sevilla eterna fama,
cuyo prodigioso caso
inmortales bronces guardan.

Fin de la comedia

Libros a la carta

A la carta es un servicio especializado para
empresas,
librerías,
bibliotecas,
editoriales
y centros de enseñanza;
y permite confeccionar libros que, por su formato y concepción, sirven a los
propósitos más específicos de estas instituciones.

Las empresas nos encargan ediciones personalizadas para marketing editorial
o para regalos institucionales. Y los interesados solicitan, a título personal,
ediciones antiguas, o no disponibles en el mercado; y las acompañan con
notas y comentarios críticos.

Las ediciones tienen como apoyo un libro de estilo con todo tipo de referen-
cias sobre los criterios de tratamiento tipográfico aplicados a nuestros libros
que puede ser consultado en Linkgua-ediciones.com.

Linkgua edita por encargo diferentes versiones de una misma obra con distin-
tos tratamientos ortotipográficos (actualizaciones de carácter divulgativo de
un clásico, o versiones estrictamente fieles a la edición original de referencia).
Este servicio de ediciones a la carta le permitirá, si usted se dedica a la enseñanza, tener una forma de hacer pública su interpretación de un texto y, sobre
una versión digitalizada «base», usted podrá introducir interpretaciones del
texto fuente. Es un tópico que los profesores denuncien en clase los desma-
nes de una edición, o vayan comentando errores de interpretación de un texto
y esta es una solución útil a esa necesidad del mundo académico.

Asimismo publicamos de manera sistemática, en un mismo catálogo, tesis
doctorales y actas de congresos académicos, que son distribuidas a través
de nuestra Web.

El servicio de «libros a la carta» funciona de dos formas.

1. Tenemos un fondo de libros digitalizados que usted puede personalizar en
tiradas de al menos cinco ejemplares. Estas personalizaciones pueden ser de
todo tipo: añadir notas de clase para uso de un grupo de estudiantes, introducir logos corporativos para uso con fines de marketing empresarial, etc. etc.

2. Buscamos libros descatalogados de otras editoriales y los reeditamos en tiradas cortas a petición de un cliente.